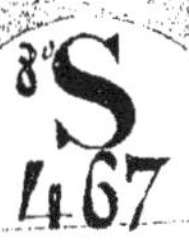

THESES

PRÉSENTÉES

A LA FACULTÉ DES SCIENCES DE PARIS

POUR OBTENIR

LE GRADE DE DOCTEUR ÈS SCIENCES NATURELLES

PAR

S. ARLOING

Professeur à l'École vétérinaire de Lyon,
Lauréat de l'Institut (prix de Physiologie expérimentale. 1874).

1ʳᵉ THÈSE. — APPLICATION DE LA MÉTHODE GRAPHIQUE A L'ÉTUDE DU MÉCANISME DE LA DÉGLUTITION CHEZ LES MAMMIFÈRES ET LES OISEAUX.

2ᵉ THÈSE. — RECHERCHES ANATOMIQUES SUR LE BOUTURAGE DES CACTÉES.

PROPOSITION DONNÉE PAR LA FACULTÉ.

Soutenues le   juillet 1877 devant la Commission d'examen.

MM. MILNE EDWARDS   *Président.*
    DUCHARTRE   } *Examinateurs.*
    BERT

PARIS

G. MASSON, ÉDITEUR

LIBRAIRE DE L'ACADÉMIE DE MÉDECINE

Boulevard Saint-Germain, en face de l'École de médecine

1877

THÈSES

PRÉSENTÉES

A LA FACULTÉ DES SCIENCES DE PARIS

POUR OBTENIR

LE GRADE DE DOCTEUR ÈS SCIENCES NATURELLES

PAR

S. ARLOING

Professeur à l'École vétérinaire de Lyon,
Lauréat de l'Institut (prix de Physiologie expérimentale, 1874).

1re THÈSE. — APPLICATION DE LA MÉTHODE GRAPHIQUE A L'ÉTUDE DU MÉCANISME DE LA DÉGLUTITION CHEZ LES MAMMIFÈRES ET LES OISEAUX,

2e THÈSE. — RECHERCHES ANATOMIQUES SUR LE BOUTURAGE DES CACTÉES.

PROPOSITION DONNÉE PAR LA FACULTÉ.

Soutenues le   juillet 1877 devant la Commission d'examen.

MM. MILNE EDWARDS   *Président.*
DUCHARTRE
BERT   *Examinateurs.*

PARIS

G. MASSON, ÉDITEUR

LIBRAIRE DE L'ACADÉMIE DE MÉDECINE

Boulevard Saint-Germain, en face de l'École de médecine.

1877

ACADÉMIE DE PARIS

FACULTÉ DES SCIENCES DE PARIS

Doyen	MILNE EDWARDS, Professeur.	Zoologie, Anatomie, Physiologie comparée.
Professeurs honoraires	DUMAS. PASTEUR. DELAFOSSE.	
Professeurs	CHASLES	Géométrie supérieure.
	LE VERRIER.	Astronomie.
	P. DESAINS..	Physique.
	LIOUVILLE	Mécanique rationnelle.
	PUISEUX	Astronomie.
	HÉBERT.	Géologie.
	DUCHARTRE.	Botanique.
	JAMIN.	Physique.
	SERRET.	Calcul différentiel et intégral.
	H. SAINTE-CLAIRE DEVILLE.	Chimie.
	DE LACAZE-DUTHIERS . . .	Zoologie, Anatomie, Physiologie comparée.
	BERT.	Physiologie.
	HERMITE	Algèbre supérieure.
	BRIOT	Calcul des probabilités, Physiq. mathématiq.
	BOUQUET.	Mécanique et physique expérimentale.
	TROOST.	Chimie.
	WURTZ	Chimie organique.
	FRIEDEL.	Minéralogie.
Agrégés	BERTRAND . . . . J. VIEILLE	Sciences mathématiq.
	PELIGOT	Sciences physiques.
Secrétaire	PHILIPPON.	

A MON MAITRE

M. LE DOCTEUR CHAUVEAU

DIRECTEUR DE L'ÉCOLE VÉTÉRINAIRE DE LYON
PROFESSEUR DE MÉDECINE EXPÉRIMENTALE A LA FACULTÉ DE MÉDECINE DE LA MÊME VILLE.

A

MM. JOLY, LEYMERIE, CLOS

PROFESSEURS A LA FACULTÉ DES SCIENCES DE TOULOUSE.

Témoignage de profonde gratitude.

A MON COLLABORATEUR ET AMI

M. LE DOCTEUR LÉON TRIPIER

CHARGÉ DU COURS DE MÉDECINE OPÉRATOIRE A LA FACULTÉ DE MÉDECINE
PROFESSEUR D'ANATOMIE A L'ÉCOLE DES BEAUX-ARTS DE LYON.

PREMIÈRE THÈSE

APPLICATION DE LA MÉTHODE GRAPHIQUE

A L'ÉTUDE

DU MÉCANISME DE LA DÉGLUTITION CHEZ LES MAMMIFÈRES ET LES OISEAUX

INTRODUCTION.

Anatomistes, physiologistes et médecins ont apporté leur tribut à l'étude de la question que nous abordons.

Le mécanisme de la déglutition a donné lieu à un grand nombre d'écrits; mais, malgré tant d'efforts, il est loin d'être parfaitement connu.

A l'appui de cette assertion, nous citerons les divergences des auteurs sur plusieurs des actes de la déglutition, divergences qui se poursuivent jusque dans les plus récents travaux.

Cette question appelait donc de nouvelles études, nous les avons entreprises. Toutefois, éclairé par l'expérience de nos devanciers, nous avons voulu employer des procédés plus sûrs que ceux qu'ils avaient suivis, et qui, entre des mains incontestablement toutes très-habiles, avaient conduit à des résultats très-différents.

Avant d'exposer la méthode expérimentale que nous avons adoptée, racontons brièvement les phases diverses qu'a parcourues l'étude de la déglutition.

Tout d'abord c'est par l'anatomie et l'observation de soi-même que l'on chercha à expliquer le mécanisme de la déglutition. De la position et des attaches des muscles de la langue, du voile du palais, du pharynx et de l'œsophage, on concluait à l'action que ces muscles pouvaient exercer sur le bol alimentaire.

Ce procédé fut suivi par les anatomistes et les physiologistes du siècle dernier : Bœcler (1705), Walther (1737), Albinus Sigfridius (*Historiæ musculorum*, 1734), Schulze (1737), Albinus Fridericus (*De deglutitione*, 1740), Boerhaave et Haller. Il fut adopté aussi par la plupart des physiologistes de la première moitié de ce siècle, à commencer par Sandifort, Bichat, Gerdy, Dzondi, Bidder, Bérard, etc., etc. Mais il était défectueux, parce qu'il laissait une trop large part aux considérations théoriques ainsi qu'à l'imagination des auteurs.

Il est vrai que l'expérimentation vint de bonne heure s'associer à l'anatomie pour corroborer ou modifier les raisonnements basés sur l'observation directe de la nature vivante. Haller parle déjà d'expériences entreprises par Ferrein (1741) sur la fermeture de la glotte pendant la déglutition. Mais, à part ce fait isolé, il faut arriver jusqu'à Magendie pour voir l'expérimentation prendre une large part dans la détermination du rôle de l'épiglotte, de la glotte, de l'œsophage, etc., pendant la déglutition. C'est encore par des vivisections que Longet, MM. Cl. Bernard, Wild, Chauveau, Schiff, Fiaux, s'attachèrent aussi à démontrer, soit le rôle des organes de la déglutition, soit la source nerveuse d'où ces organes tirent le principe de leur sensibilité et de leurs mouvements.

L'expérimentation prit une autre forme entre les mains de Maissiat et de Debrou. Opérant sur eux-mêmes, ces auteurs cherchèrent à se rendre compte de l'état des pressions qui règnent dans l'appareil naso-pharyngien (Maissiat), ou du mouvement des parois pharyngiennes (Debrou), par l'exploration des cavités nasales avec des appareils simples (*manomètre, stylet mobile*) dont les indications étaient visibles au dehors.

Depuis qu'elle s'était débarrassée du joug des raisonnements purement anatomiques, l'étude de la déglutition avait fait un grand pas. Elle gagna encore en accueillant les faits cliniques, sorte d'expériences préparées accidentellement sur l'Homme, observés par Mercklin, Th. Bonnet, Pelletan, Larrey, Percy, Reichel, Rudolphi, Louis, Kobelt, etc.

Jusqu'en 1861, les physiologistes employèrent seulement les moyens que nous venons d'indiquer pour démêler les phénomènes de la déglutition. A cette date, M. Moura eut l'idée d'appliquer le laryngoscope à l'étude de la *déglutition pharyngienne*. Il fut suivi dans cette voie par M. Guinier et par M. Krishaber.

Au premier abord on pourrait croire que l'autolaryngoscopie dût permettre de découvrir tous les secrets de la déglutition. Malheureusement il n'en est rien. Le laryngoscope ne peut lever toutes les difficultés, parce que, pour voir dans la cavité pharyngienne déglutissant, il faut maintenir la bouche ouverte, et qu'il y a loin de la déglutition opérée dans ces conditions à la déglutition normale, qui entraîne toujours l'occlusion de la cavité buccale. Au surplus, la laryngoscopie ne donne que des renseignements limités. Si elle permet de suivre le trajet des bols colorés avec des produits dont la teinte laisse une trace durable sur les muqueuses, elle ne nous dit rien sur les pressions qui règnent dans les voies respiratoires et les premières voies digestives pendant les déglutitions, rien non plus sur la marche du bol alimentaire dans l'œsophage. Du reste, le promoteur de l'autolaryngoscopie a été obligé de déclarer, à la fin de l'un de ses mémoires, que la plus grande partie du mécanisme de la déglutition reste toujours en question.

En résumé, les procédés usités jusqu'à ce jour pour découvrir le mécanisme de la déglutition se sont montrés souvent insuffisants et n'ont donné que des résultats incertains. Nous étions donc autorisé à chercher un moyen d'étude qui n'aurait pas les inconvénients des précédents, et qui, de plus, fournirait des indications que les autres étaient incapables de donner. La méthode graphique nous a paru satisfaire à ces *desiderata*.

En effet, les actes nombreux, mécaniques ou physiques, qui, par leur enchaînement, constituent la déglutition, se passent dans des cavités où il est impossible de plonger le regard sans modifier les conditions de la fonction, et la plupart avec une rapidité presque vertigineuse qui laisse l'observateur dans une grande perplexité. La méthode graphique, qui permet d'apprécier les modifications qui se passent dans une cavité en explorant seulement son entrée, ou en portant sans inconvénient des

4   S. ARLOING.

ampoules élastiques dans sa profondeur ; la méthode graphique,
qui laisse une trace persistante des moindres phénomènes, qui
permet de juger de la durée, de l'énergie, de la simultanéité
ou de la succession d'actes associés, surmonte les difficultés de
l'expérimentation et présente de grands avantages pour étudier
la déglutition.

L'Homme a été un de nos sujets d'expérience ; mais comme il
était impossible de procéder sur lui à toutes les explorations qui
étaient nécessaires, force a été de recourir aux animaux.

Le Bœuf et le Chien reçurent nos appareils ; mais la timidité
de ces espèces nous les fit abandonner pour le Cheval. Cet
animal est d'ordinaire tellement indifférent qu'en face de
l'expérimentateur et en dépit des plaies qu'il peut avoir et des
appareils qui obstruent plus ou moins ses voies digestives,
il mange et boit avec avidité, pourvu qu'il ait faim et soif
et qu'on lui donne des aliments appétissants. Sans les qualités
de ce sujet dont nous disposions facilement, il nous eût été
certainement impossible de pousser nos recherches bien loin.
Nous le recommanderons donc tout particulièrement aux personnes qui voudraient nous suivre ou contrôler nos résultats.

Quant aux appareils qui nous ont servi, nous en dirons fort
peu de chose, attendu qu'ils n'offrent rien de particulier. L'enregistreur universel, avec un système de tambours à levier écri-
vant, formaient la partie *indicatrice* de notre instrumentation ;
des ampoules élastiques montées sur des tiges rigides ou flexibles,
ou même, dans quelques cas, de simples trocarts introduits
dans les cavités digestives ou respiratoires, en constituaient la
partie *exploratrice*. Nous avons aussi enregistré la respiration
avec le pneumographe primitif ou perfectionné de M. Marey (1).

---

(1) Les résultats que nous avons obtenus par l'application de cette méthode
sur l'Homme et les animaux ont été résumés dans des notes insérées aux
Comptes rendus de l'Académie des sciences (2 novembre 1874 et 24 mai 1875).
A la même époque, M. Carlet eut aussi l'idée de se servir des appareils enregistreurs pour étudier la déglutition bucco-pharyngienne ; mais il expérimenta
seulement sur lui-même, et se contenta d'enregistrer les pressions de la cavité
buccale et les déplacements du larynx.

ARTICLE N° 1.

Pour compléter notre travail, nous y avons ajouté des expériences sur la déglutition des Oiseaux, faites selon des procédés analogues.

PREMIÈRE PARTIE.

MÉCANISME DE LA DÉGLUTITION CHEZ LES MAMMIFÈRES.

CHAPITRE PREMIER.

DIVISIONS DE LA DÉGLUTITION. — DÉGLUTITIONS ISOLÉES ET DÉGLUTITIONS ASSOCIÉES.

§ 1.

Dans le but de faciliter l'étude de la déglutition, les auteurs se sont attachés à la diviser en périodes ou temps distincts. La plupart, s'inspirant du trajet que suivent les aliments, ont divisé cette fonction en trois temps : 1° *temps buccal;* 2° *temps pharyngien;* 3° *temps œsophagien.*

Mais si presque tous les physiologistes sont d'accord sur le nombre des temps, ils sont loin de s'entendre sur les limites de chacun d'eux. Ainsi, dans le *premier temps*, Albinus, Gerdy, Maissiat, Bérard, Longet, Müller, etc., conduisent les aliments jusqu'à l'isthme du gosier, en avant du voile du palais, tandis que Haller, Magendie, Dzondi, Chaussier, Adelon, les conduisent au delà de cette cloison. Il est évident que, pour ces auteurs, le *deuxième temps* ne commence pas au même instant; quant au moment où il se terminera pour faire place au *troisième*, on ne s'accorde pas davantage : les uns le faisant se terminer avec l'entrée des aliments dans l'œsophage; les autres avec l'introduction de ceux-ci à une profondeur variable dans ce conduit.

En 1866, dans un mémoire *Sur l'acte de la déglutition,* M. Moura chercha à faire prévaloir une division en *deux temps.* Pour lui, cet acte ne commence qu'au moment où les organes destinés à opérer le transport du bol de la bouche à l'estomac se mettent en mouvement. Par conséquent, laissant de côté la préparation du bol sur le dos de la langue, il fait commencer le *premier temps* à l'arrivée des aliments dans l'arrière-bouche, le *second* à l'entrée des aliments dans l'œsophage.

Cette division nous paraît préférable à l'ancienne. En effet, pourquoi considérer l'arrangement des aliments sur le dos de la langue comme un acte de la déglutition? A ce compte, la déglutition des boissons aurait un temps de moins que celle des solides. Nous savons bien que, dans quelques cas, la formation du bol est un temps préparatoire de la déglutition : ainsi il arrive que la mastication se suspende et que la langue, les joues procèdent au rassemblement des particules éparses dans la bouche avant la déglutition ; mais, le plus souvent, cette opération se fait sans suspension de la mastication. Nous croyons donc rationnel de regarder la formation du bol comme la fin de la mastication.

De plus, nous jugeons inutile de séparer le passage du bol à travers le fond de la bouche du passage à travers le pharynx. Il faut bien savoir que la vraie déglutition, celle qui s'accomplit fatalement dès qu'elle a commencé, pendant laquelle la respiration se modifie, ne débute réellement que lorsque le dos de la langue, fortement appliqué contre la voûte palatine, ne peut s'en détacher avant que le bol ait disparu dans l'œsophage. Or, dans ce moment, le fond de la bouche se confond avec le pharynx ; les aliments se trouvent à l'entrée d'une cavité bornée, en haut, par la voûte palatine et le velum staphylin ; en arrière, par la paroi postérieure du pharynx ; en bas, par le dos de la langue, la face supérieure de l'épiglotte et l'origine de l'œsophage, cavité qu'ils franchiront avec une très-grande rapidité.

En conséquence, nous diviserons la déglutition en deux temps seulement : un *premier*, ou *bucco-pharyngien*, caractérisé par l'ascension du larynx et le passage des aliments du fond de la bouche à l'entrée de l'œsophage ; un *second*, ou *temps œsophagien*, débutant avec la chute du larynx.

§ 2.

Jusqu'à ce jour, les physiologistes ont pris le soin de distinguer la *déglutition des solides* de la *déglutition des liquides et des boissons*, et ils nous ont appris que ces deux sortes de déglutitions s'opéraient d'après des modes à peine différents.

Nous n'adoptons pas cette distinction, car nous prouverons plus loin que la déglutition de la salive ou d'une gorgée de liquide s'accomplit de la même manière que celle d'un bol de pain. Si donc le mécanisme de la déglutition présente des différences, celles-ci ne reposent pas sur l'état physique des bols, mais bien sur le mode d'après lequel les déglutitions succèdent les unes aux autres. Ces différences apparaissent lorsque les gorgées de boissons sont abondantes et se suivent pour ainsi dire sans interruption. En nous basant sur ce fait, nous décrivons des *déglutitions isolées* et des *déglutitions associées*, à la place des déglutitions de solides et des déglutitions de boissons.

Après ces détails préliminaires, entrons dans le cœur de notre sujet. Étudions les deux temps de la déglutition dans les principaux Mammifères terrestres.

CHAPITRE II.

PREMIER TEMPS, OU TEMPS BUCCO-PHARYNGIEN, DE LA DÉGLUTITION DES MAMMIFÈRES.

On sait ce que nous entendons par temps bucco-pharyngien. Nous ne nous arrêterons pas à justifier de nouveau notre division ; bornons-nous à dire que nous examinerons cette première partie de la déglutition dans deux articles, comprenant, l'un le mécanisme des déglutitions isolées, l'autre le mécanisme des déglutitions associées.

§ 1. — Déglutitions isolées.

L'Homme et les animaux font des déglutitions isolées lorsqu'ils ingèrent des aliments solides ou demi-liquides, lorsqu'ils avalent la salive sécrétée pendant l'abstinence, et quand ils prennent des boissons gorgée par gorgée.

Dans ces trois circonstances, aliments, boissons ou salive rassemblés sur le dos de la langue, en avant de l'épiglotte, dans les points nettement déterminés par les examens laryngoscopiques, sont brusquement et rapidement entraînés à l'entrée de l'œsophage dès que l'excitation spéciale, qui devient le point de départ des réflexes de la déglutition, s'est fait sentir.

Nous n'avons pas l'intention d'insister sur la sensation particulière du besoin de déglutir ; nous nous occuperons immédiatement des *agents de la déglutition bucco-pharyngienne*. Quels sont ces agents dont l'influence fait disparaître le bol de la cavité bucco-pharyngienne ?

La plupart des physiologistes ne font intervenir que la contraction des muscles, c'est-à-dire un agent d'ordre mécanique. Maissiat, au contraire, expliqua la déglutition par l'intervention d'agents purement physiques. Pour lui, la contraction des muscles de l'appareil laryngo-pharyngien n'avait pas d'autre but que de produire un vide que les aliments venaient aussitôt remplir. Haller s'était montré moins exclusif, car il regardait les muscles de la langue, du pharynx, etc., comme des agents importants, et faisait jouer aussi un rôle notable à la dilatation de l'arrière-bouche, et, par conséquent, aux agents physiques. Récemment, M. Guinier a exposé une opinion qui, sans être très-nette, peut néanmoins se ranger à côté de celle de Haller.

Quant à nous, nous croyons que les agents mécaniques et physiques concourent à la déglutition. On connaîtra au fur et à mesure les motifs qui servent de base à notre opinion. Nous espérons prouver que si Maissiat a eu tort de se séparer trop nettement du plus grand nombre des physiologistes, il a mis en évidence des faits incontestablement vrais, et qu'en élaguant de sa théorie ce qu'elle contient d'excessif, on peut, avec elle, compléter heureusement les théories mécaniques.

Nous aurons donc à décrire des phénomènes mécaniques et des phénomènes physiques. Les premiers sont ou extérieurs (mouvements des mâchoires, déplacement du larynx, mouvements respiratoires), ou intérieurs (mouvements de la langue, du voile du palais, du pharynx, de la glotte et du diaphragme). Les seconds sont tous intérieurs ; ils consistent en des changements de pression qui s'établissent, soit dans l'appareil respiratoire, soit dans la cavité bucco-pharyngienne.

ARTICLE N° 1.

I. *Du mécanisme des déglutitions isolées bucco-pharyngiennes.* — Nos prédécesseurs nous ont appris que, pendant le premier temps de la déglutition, la mâchoire inférieure se maintient au contact de la supérieure; que la langue s'applique sur la voûte palatine, que le larynx se porte en haut et en avant en changeant légèrement de direction; que le voile du palais se soulève, que le pharynx se raccourcit et va pour ainsi dire au devant du bol; que la glotte se ferme, que l'épiglotte s'abaisse, et que les constricteurs, pressant le bol d'avant en arrière, poussent brusquement celui-ci vers le fond du pharynx.

Le début de tous ces actes réflexes est indiqué par l'ascension du larynx; la fin, par la chute de cet organe, par une certaine aspiration qui se fait sentir jusqu'à l'orifice des fosses nasales, le repos de la langue, la liberté des mâchoires; en un mot, par le retour de toutes les pièces de l'appareil pharyngo-laryngien à leur position primitive.

Tels seraient, brièvement énumérés, les actes qui se superposent ou se succèdent dans le premier temps de la déglutition. Nous allons les examiner en particulier, tout en glissant rapidement sur ceux qui ne soulèvent aucune contestation entre physiologistes, et en insistant davantage sur ceux qui laissent encore un champ libre à la discussion ou qui n'avaient pas été signalés avant nos recherches.

A. *Du rapprochement des mâchoires.* — Tous les auteurs ont signalé le rapprochement des mâchoires comme l'acte initial de la déglutition. Son but est de fixer le maxillaire, qui doit offrir un point d'appui immobile aux muscles élevateurs du larynx, génio-hyoïdiens, mylo-hyoïdiens et digastriques, et de permettre à la langue de s'appliquer avec facilité contre la voûte palatine. Il ne faut pas croire, ainsi que certaines théories physiques tendraient à le faire admettre, que le rapprochement des mâchoires est destiné à parfaire l'occlusion de la bouche, car la déglutition s'accomplit très-bien en dépit de l'écartement des lèvres et même des mâchoires. La difficulté à déglutir est d'autant plus grande, que l'écartement des mâchoires est plus considérable et le maxillaire plus mobile. Si le maxillaire est peu écarté, et surtout s'il est maintenu en situation fixe (conditions réalisées par l'introduction entre les incisives d'un corps résistant, tel qu'un crayon ou le manche d'un canif), on réussit à avaler à peu près aussi bien que dans les conditions normales. Durant cette petite expérience, on sent très-bien que la difficulté que l'on éprouve à déglutir provient d'une certaine gêne à étaler la langue sur la voûte palatine. Il est évident que l'élévation et l'immobilisation de la mâchoire inférieure font disparaître cette difficulté.

M. Colin pense que le rapprochement des mâchoires et l'arrêt de la mastication appartiennent seulement aux animaux qui, ainsi que les carnivores, avalent de gros morceaux et en une seule fois tout ce qu'ils ont dans la bouche. Nous nous sommes assuré, par l'expérimentation, que l'arrêt de la mastication avait lieu aussi chez le Cheval.

En plaçant une ampoule élastique entre le masséter et la peau de la joue, une autre sous la gorge, pour enregistrer la mastication et les déplacements du larynx, on obtient les tracés ci-joints (fig. 1) :

M nous donne les mouvements de mastication indiqués par deux accidents : l'un (*e*) produit par l'écartement des mâchoires ; l'autre (*c*) par la contraction du masséter.

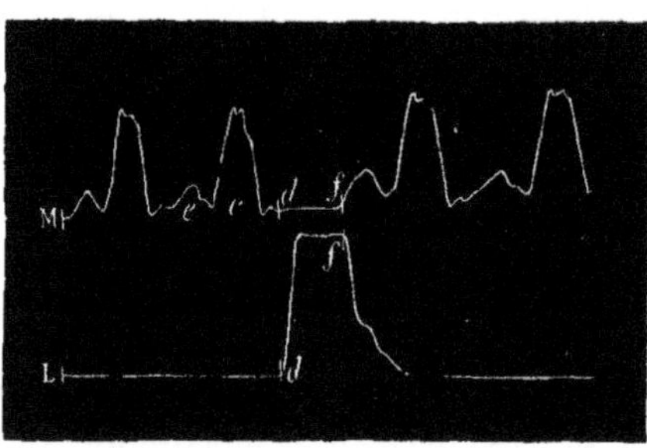

Fig. 1. — Montrant les rapports d'une déglutition isolée avec la mastication : M, tracé des mouvements de mastication ; L, tracé de l'ascension du larynx au début d'une déglutition (Cheval).

L est le graphique fourni par l'ampoule sous-laryngienne, sur lequel on voit la courbe *df* indiquant l'ascension et la chute du larynx. Or, en comparant ces deux tracés, on s'aperçoit que la pression dans l'ampoule massétérine reste à peu près uniformément à son minimum pendant toute la durée (*df*) de la déglutition bucco-pharyngienne. D'où l'on peut conclure : 1° que la mastication se suspend, chez les Herbivores, pendant le premier temps des déglutitions isolées ; 2° que la mâchoire inférieure est rapprochée de la supérieure par l'élasticité et la toncité du muscle masséter et des autres muscles rapprocheurs. Le muscle temporal, exploré de la même manière, nous a donné des résultats semblables.

Si les bols sont peu volumineux, les masséters se contractent pendant la déglutition. Nous avons constaté ce fait sur les animaux, et il suffit de s'observer soi-même, d'appliquer attentivement la main sur la joue ou la tempe au moment d'une déglutition pour le vérifier. On comprendra aisément cette différence, si l'on songe que les muscles qui agissent dans la déglutition bucco-pharyngienne doivent trouver sur la mâchoire inférieure un point d'appui d'autant plus solide, qu'ils éprouvent plus de difficulté à remplir leur rôle, c'est-à-dire à entraîner les parcelles alimentaires.

B. *Ascension du larynx.* — La translation du larynx de bas en haut et de haut en bas est une des manifestations extérieures les plus frappantes de la déglutition. On ne saurait être en désaccord sur son existence ; mais il n'en est pas de même sur l'instant où elle s'accomplit.

Pour les auteurs classiques, l'ascension du larynx est un phénomène qui coïncide avec le début du deuxième temps. « Les mâchoires étant fixées, dit Haller, les digastriques, les génio-hyoïdiens et les génio-glosses *tirent le larynx en haut* et le renversent. » C'est donc immédiatement après la fermeture de la bouche que Haller place l'ascension du larynx. Magendie a professé cette opinion, car on lit dans sa *Physiologie* la description suivante : « Le bol alimentaire n'a pas plutôt touché le pharynx que tout entre en mouvement : d'abord le pharynx se contracte..... ; d'un autre côté, *et toujours dans le même instant, la base de la langue, l'os hyoïde, le larynx*, sont élevés et portés en avant ». Pour Gerdy, Dzondi, Maissiat et Longet, le soulèvement de l'hyoïde, de la base de la langue et du larynx est simultané avec la contraction des muscles du voile du palais et du pharynx.

M. Carlet pense au contraire que l'ascension du larynx ne

s'accomplit pas au début de la déglutition. « Tout au début de la déglutition, dit-il dans une note récente (1), avant que le larynx ait commencé son mouvement ascensionnel et même que le bol alimentaire ait cheminé dans la cavité buccale, un abaissement de pression a lieu dans la cavité pharyngienne. »

Nous ne pouvons pas nous ranger à cette opinion. En effet, l'abaissement de pression dont parle M. Carlet ne se conçoit que par un déplacement du voile du palais ou un agrandissement du pharynx, dont les muscles viennent se fixer sur le larynx. Par conséquent, la plus petite modification de l'appareil pharyngien se fera sentir sur le larynx. De plus, comme la diminution de pression dont parle M. Carlet ne peut se produire qu'à la condition que le pharynx soit isolé de la partie antérieure de la bouche, il faut pour cela que la langue s'applique contre la voûte palatine. Or, ce mouvement étant produit par des muscles qui élèvent l'hyoïde, ceux-ci élèveront forcément le larynx.

Outre ces considérations purement théoriques, nous alléguerons les graphiques des mouvements du larynx et des pressions intrabuccales.

Il ne faut pas oublier qu'il y a deux périodes dans le déplacement du larynx : 1° ascension lente et insignifiante de tout l'appareil laryngien coïncidant avec l'application de la langue sur le plafond de la bouche ; 2° introduction brusque du larynx dans la fourche hyoïdienne coïncidant avec le début de la déglutition du bol. Ce dernier mouvement est le seul qu'il importe de considérer en ce moment.

Cela étant établi, si l'on applique sous la gorge une ampoule de caoutchouc à parois assez épaisses pour qu'elle se maintienne toujours au contact de la région laryngienne, et si l'on introduit une autre ampoule dans le fond de la bouche, aussi loin que

---

(1) La communication de M. Carlet est parvenue à l'Académie des sciences le même jour que notre première note. Voy. *Comptes rendus de l'Académie des sciences*, 2 novembre 1874, *Sur le mécanisme de la déglutition* (Carlet), et *Application de la méthode graphique à l'étude de quelques points de la déglutition* (Arloing).

ARTICLE N° 1.

possible, sans provoquer toutefois des efforts de vomissement, on obtient des tracés comme ceux-ci (fig. 2) :

B indique les pressions que subit l'ampoule à l'intérieur de la bouche; L, les mouvements du thyroïde. En examinant ces deux tracés, on constate que l'ampoule qui représente le bol commence à être compri-mée par la langue, en *c*; cette compression atteint brusquement son maxi-mum, et c'est à l'instant où elle y arrive que l'on voit se produire une pre-mière diminution de pres-sion (*a*) dans la bouche, et la brusque ascension du larynx (*a'*). Nous en con-

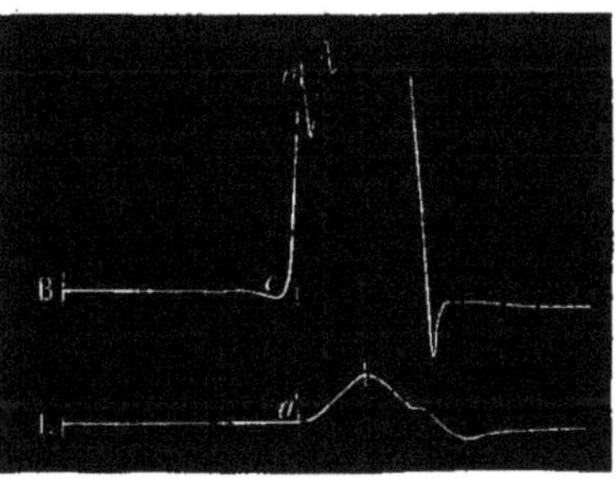

Fig. 2. — Montrant les rapports des changements de la pression intra-buccale B avec le déplacement du larynx L (Homme).

clurons donc que l'ascension du larynx commence en même temps que le déplacement du voile du palais, alors que la langue est fortement appliquée contre cette cloison et la voûte palatine.

Ultérieurement, nous entourerons nos conclusions de preuves plus nombreuses (voy. *Pression dans l'isthme du gosier et les cavités nasales*). Ici nous tenions simplement à bien préciser l'instant où s'opère le déplacement du larynx, car cet acte devient la clef de la déglutition tout entière. Nous craignons que notre désaccord avec M. Carlet ne provienne de l'intervention de la respiration dans son tracé de la pression intrapharyn-gienne. On ne peut réussir à se débarrasser de l'influence de la respiration qu'en expérimentant sur les animaux.

C. *Rôle de la langue, du voile du palais et de l'isthme du gosier*. — Lorsque la langue s'est étalée sur le palais, le bol est séparé de la partie antérieure de la bouche et situé à l'entrée d'une gouttière aplatie, limitée en arrière par le palais et le velum staphylin, en bas par l'isthme du gosier, en avant par la langue. Le bol doit parcourir cette gouttière qui, au moment décisif, s'allonge en arrière jusqu'à l'origine de l'œsophage. Ce moment est celui de la véritable intervention de la langue, du voile du palais et de l'isthme. Quelle est la part qui revient à chacun de ces organes?

Tout le monde admet que la langue se gonfle, s'applique d'avant en arrière sur la voûte palatine et comprime le bol. Mais on est loin de s'entendre sur le rôle du voile. Les physiologistes, sur ce point, se partagent en trois camps : les uns, avec Albinus, Haller, Sandifort, Gerdy, Dzondi, Müller, etc., pensent que le voile se tend et s'abaisse sous l'influence de ses piliers, presse le bol contre la langue et le projette dans le fond du pharynx. Une imposante majorité, ayant à sa tête Valsalva, Boerhaave, Bichat, Magendie, Chaussier, Maissiat, Debrou, admet l'élévation primitive et active du voile, qui ainsi prolongerait la voûte palatine jusqu'à la paroi postérieure du pharynx. Viennent maintenant les physiologistes qui professent une opinion en quelque sorte éclectique, tels que Bérard, Longet, Oré et ceux qui, tout en admettant le soulèvement du voile, croient, à l'exemple de Brachet, à un soulèvement passif dont l'agent serait le bol alimentaire.

Quant à l'isthme du gosier, son rôle doit changer singulièrement, selon le jeu que l'on attribue au voile du palais. Si l'on admet le soulèvement primitif du voile, l'isthme doit primitivement s'agrandir, puis se resserrer sur le bol et en arrière du bol. Si l'on pense, avec Gerdy, Dzondi, que le voile, tendu par ses piliers qui se rapprochent, s'abaisse sur le bol, l'isthme doit se fermer et interrompre toute communication entre la bouche et le pharynx. Cette disposition de l'isthme plaide fort peu, on le devine, en faveur de la théorie de l'abaissement.

Pour trouver la vérité au milieu de ces idées contradictoires, il vaut mieux supprimer toute discussion et s'adresser tout de suite à l'expérimentation.

On sait déjà que Maissiat, en fixant un petit manomètre dans une narine, que Debrou et Menière, en introduisant un stylet sur le plancher des cavités nasales, ont observé le soulèvement du voile du palais au début de la déglutition. Les cas cliniques de Bidder, Kobelt, Maisonneuve, ont permis de constater ce fait *de visu*. Nous avons cherché à étudier plus complétement le phénomène en explorant simultanément avec des appareils graphiques le fond de la bouche et l'entrée des cavités nasales de l'*Homme*, la base de la langue et le voile, les cavités nasales et la partie supérieure du pharynx du *Cheval*, en plaçant les sujets dans des conditions presque physiologiques.

En se reportant au tracé B (fig. 2), on voit que l'ampoule placée dans la bouche de l'Homme est constamment pressée de *c* en *f*, c'est-à-dire depuis l'application de la langue sur le palais jusqu'à la chute du larynx; mais la pression qu'elle supporte éprouve plusieurs diminutions, dont la principale se produit en *d*. Celle-ci est due au soulèvement du voile du palais. On peut le démontrer en prenant en même temps un tracé des pressions intrabuccales et un tracé de la pression des cavités nasales. Nous enregistrons cette dernière au moyen d'un nez de plomb dont les bords flexibles se moulent exactement sur la lèvre supérieure, les joues et la racine du nez, et dont la cavité communique avec un tambour à levier. Par ce moyen on obtient les graphiques de la figure 3.

La courbe B, fournie par une ampoule élastique engagée dans la bouche (1), indique que le bol commence par être comprimé énergiquement (de

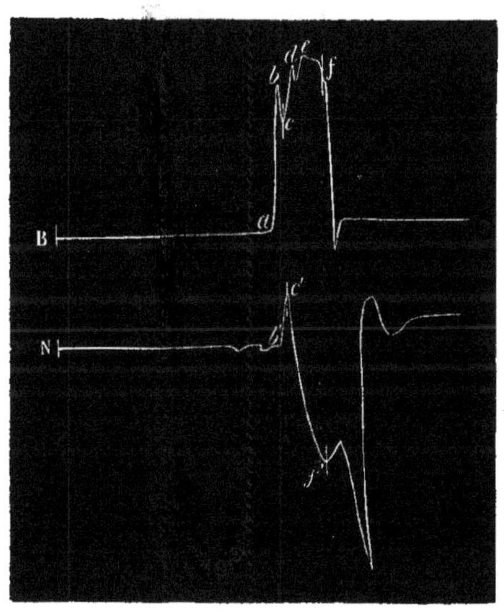

Fig. 3. — B, pression dans la bouche; N, pression dans les cavités nasales pendant la déglutition (Homme).

(1) L'ampoule élastique est préférable au tube rigide introduit au fond de la bouche, attendu que ce tube non dépressible ne peut donner que les pressions négatives.

     S. ARLOING.

a à *b*) ; qu'à ce moment une diminution de pression (*bc*) s'établit au-dessous de lui, puis qu'il subit une série de compressions et d'aspirations (*d*, *e*) jusqu'en *f*, où survient le relâchement de la région. Si on la compare à la courbe de la pression dans les cavités nasales N, on s'aperçoit que la pression s'élève dans les narines (*b′c′*) pendant qu'elle baisse au fond de la bouche (*bc*), puis qu'elle diminue (*c′f′*) pendant qu'elle monte, tout en éprouvant des oscillations, à l'intérieur de la bouche (*cf*). Nous avons mesuré les changements de la pression des cavités nasales. Pour cela, nous avons fait communiquer la cavité de notre nez de plomb avec un manomètre enregistreur, c'est-à-dire que nous avons reproduit avec quelques perfectionnements l'expérience de Maissiat. En opérant ainsi, nous avons observé que l'augmentation de la pression faisait équilibre à 1 ou 2 millimètres de mercure, et la diminution à 8 ou 9 millimètres.

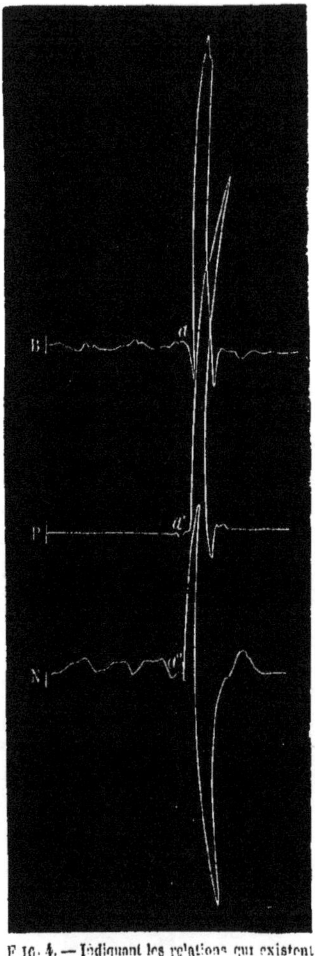

En expérimentant sur le *Cheval*, nous avons obtenu les graphiques de la figure 4 : B répond à une ampoule élastique, montée sur un tube rigide, engagée entre la base de la langue et la face antérieure du voile du palais, en passant à travers la membrane hyo-thyroïdienne. P est fourni par une ampoule montée de la même manière, introduite dans les cavités nasales

Fig. 4. — Indiquant les relations qui existent entre les changements de pression dans l'isthme du gosier, B ; dans le pharynx, P ; dans les cavités nasales, N (Cheval).

jusque sur la face postérieure du voile du palais. N indique la pression des cavités nasales, grâce à un tube métallique implanté sur le méat supérieur et mis en communication avec un tambour à levier. En étudiant ces trois courbes on voit : 1° qu'en *a* la pression s'abaisse légèrement en avant du voile, et qu'au même instant elle s'élève en arrière de cette même cloison (*a'*) et dans les cavités nasales (*a''*) ; 2° qu'à la suite de cette dépression, l'ampoule de l'isthme et celle du pharynx sont vivement comprimées, tandis que la pression baisse dans les cavités nasales.

Nous croyons pouvoir conclure de ces résultats : 1° que le voile du palais se soulève pendant que la langue presse les aliments contre la voûte palatine, et qu'en se soulevant pour aller à la rencontre du pharynx, il détermine au devant du bol une sorte d'aspiration qui doit contribuer à faire glisser celui-ci vers l'œsophage ; 2° que le voile, toujours soulevé, est ramené en avant et en bas par la contraction des parois pharyngiennes, et qu'en s'opposant à la langue, qui se vousse de plus en plus, il force le bol à prendre le chemin de l'arrière-bouche.

Dans cette interprétation de nos tracés, nous nous trouvons d'accord avec M. Carlet, car ce physiologiste admet également l'existence d'une aspiration produite par le soulèvement du voile. Nous nous trouvons d'accord aussi avec M. Moura et avec M. Fiaux (1). Ce dernier a vu directement sur le Chien, par l'ablation des sus-nasaux, le voile se soulever, faire gros dos et fermer la cavité naso-pharyngienne.

Il nous paraît donc démontré, par les raisonnements anatomiques, les examens laryngoscopiques, les faits cliniques et l'expérimentation, que le voile du palais se soulève au début de la déglutition et ferme l'espace compris entre la voûte osseuse palatine et la paroi spinale du pharynx. Reste à savoir s'il se soulève activement ou passivement. Pour nous, le voile est soulevé activement, car il change de position, quels que soient

____

(1) *Thèses de la Faculté de médecine de Paris*, août 1875.

le volume et la consistance du bol. De plus, si le soulèvement était passif, notre ampoule qui représente le bol devrait être constamment comprimée. Or, il y a un instant où cette ampoule accuse une diminution de pression. Comment cette diminution pourrait-elle se produire, si le voile ne quittait pas la surface du bol?

Le voile est donc soulevé par les muscles péristaphylins internes, tendus par les péristaphylins externes, aidés par les pharyngo-staphylins ou muscles des piliers postérieurs, dont la contraction élève en même temps le pharynx.

Cette manière d'envisager le rôle du *velum staphylinum* diffère complétement de l'opinion d'Albinus et de Gerdy. Elle *réfute du même coup la théorie de l'abaissement primitif du voile et la théorie dite du rideau*, dans laquelle les piliers, se contractant, marcheraient à la rencontre l'un de l'autre, de manière à ne laisser entre la bouche et le pharynx qu'une fente de plus en plus étroite et à la fin linéaire.

Le soulèvement du voile du palais, très-court dans la déglutition, peut être prolongé ou provoqué à volonté et rendre des services à la thérapeutique (douches de Weber, douches de Politzer). Dans tous les cas, le mécanisme est le même.

Il résulte de ce qui précéde, qu'à un moment donné, le pharynx est divisé plus ou moins obliquement selon les espèces, en deux parties : l'une, supérieure ou nasale, qui habituellement s'agrandit peu à peu de haut en bas pendant que la déglutition pharyngienne s'accomplit ; l'autre, inférieure, qui diminue dans le même sens.

Ces phénomènes modifient l'isthme du gosier. En effet, lorsque le voile est au repos, l'isthme est limité en haut par le bord inférieur de la cloison staphyline, sur les côtés, par l'espace compris entre les piliers antérieurs et postérieurs. Lorsque le voile se soulève, il oscille autour de son bord supérieur, et sa face inférieure, devenant horizontale ou fortement oblique, convertit l'isthme en un canal dont il forme la voûte et dont les piliers constituent les parois latérales. C'est dans ce canal nouveau et temporaire que s'engage le bol. Il y est énergiquement comprimé entre le voile, tendu par les péristaphylins externes et les piliers postérieurs, et la base de la langue qui est attirée en arrière et en haut par les piliers antérieurs (muscles glosso-staphylins), dont l'insertion fixe est sur le voile préalablement relevé.

On voit donc que l'isthme du gosier se transforme, qu'il s'efface en quelque sorte pour faire partie du canal bucco-pharyngo-staphylin dans lequel cheminent les aliments. Aussi est-ce une raison de plus pour que nous rejetions la séparation que plusieurs auteurs voulurent établir entre le passage du bol à travers le fond de la bouche et le passage à travers l'isthme du gosier.

La méthode graphique nous a livré les faits que nous venons d'exposer sur le rôle de la langue, du voile et de l'isthme du gosier. Elle a tranché l'indécision dans laquelle nous nous trouvions en face de la plupart des opinions dissidentes des physiologistes. Mais quelques opinions particulières ont échappé jusqu'à présent à notre examen. Telle est celle de Maissiat, qui veut que le bol, élevé au-dessus du pharynx par l'action combinée de la base de la langue et du voile, tombe dans l'arrière-bouche par le fait du vide qui s'y produit. Nous verrons bientôt ce qu'il faut penser de la théorie de Maissiat.

Telle est encore l'hypothèse de M. Moura dans laquelle l'auteur admet bien le soulèvement du voile, mais prétend que le bol n'est pas habituellement comprimé par la langue contre le voile. Celui-ci passerait dans le pharynx parce que la base de la langue agirait sur lui à la manière d'un piston.

Nous nous inscrivons contre cette hypothèse, attendu que M. Moura est à peu près la seule personne qui ait pu avaler des bols imprégnés d'encre sans se noircir la face antérieure du voile du palais, et que sur les animaux, chez lesquels la déglutition est absolument dépourvue d'artifice, les ampoules que l'on place entre la base de la langue et la face antérieure du voile sont toujours très-fortement aplaties (voy. fig. 4).

Devrons-nous admettre encore avec M. Moura que le voile du palais est plus ou moins utile à la déglutition suivant les espèces : par exemple, qu'il soit indispensable à l'Homme, indifférent au Chien ? Non. De ce qu'un Chien sans voile ni piliers parvient quelquefois à déglutir seulement avec *un peu de difficulté* les gros morceaux sans que *ni aliments, ni boissons reviennent par les fosses nasales* (1), faut-il conclure à l'inutilité du voile ? S'il en était ainsi, nous pourrions répondre qu'il est également inutile à l'Homme, puisqu'il est notoire que par suite de l'habitude et de l'éducation des organes, des personnes mangent assez facilement avec de larges perforations du voile du palais, sans que les aliments ou les liquides sortent par le nez. D'ailleurs, si le voile du palais est utile à l'Homme, chez qui il est réduit à de minimes dimensions, il nous paraît juste de proclamer son utilité dans les espèces où il présente plus d'étendue, comme dans l'espèce canine.

Le voile du palais de l'Homme est pourvu d'un appendice médian, la *luette*, sur le rôle duquel on a émis des idées fort différentes. Quelques physiologistes sont allés jusqu'à attribuer à la luette une sorte d'intelligence qui lui permettrait d'apprécier le degré de mastication nécessaire pour une bonne déglutition.

Nous ne supposons pas que la luette doive jouer un rôle spécial dans la déglutition. S'il en était autrement, elle existerait chez tous les grands Mammifères terrestres, dont la déglutition s'opère d'après le même mécanisme que chez l'Homme. Peut-être que le rôle de la luette pourrait se déduire de la nature de cet organe ? Si l'on compare le voile du palais de l'Homme à celui des Carnassiers, des Solipèdes et des Ruminants, on s'aperçoit que la luette est le reste d'une double échancrure faite dans la partie inférieure du voile ; elle répète, sur les parties molles qui concourent à séparer les voies digestives des voies respiratoires, l'épine nasale qui existe sur les parties osseuses. Que faudrait-il faire pour convertir le voile du palais de l'Homme en un voile de palais du Chien ? Simplement en étendre les parties latérales jusqu'au sommet de la luette. La luette est donc bien le reste d'un organe légèrement atrophié,

____

(1) *Mémoire sur l'acte de la déglutition*, p. 13.

et comme tel, elle doit remplir les mêmes usages que l'organe tout entier. Elle concourra donc, dans la mesure du possible, à séparer l'arrière-bouche de la cavité naso-pharyngienne.

D. *Pharynx.* — Le rôle du pharynx comme agent mécanique de propulsion du bol avait été très-bien décrit déjà par les Albinus, Hewermann, Haller, Sandifort. Magendie, et surtout Gerdy et Dzondi ont ajouté aux descriptions de leurs devanciers quelques détails importants admis à peu près par tous les physiologistes.

Dès que le voile du palais se soulève, on sait que le pharynx se raccourcit sous l'influence des muscles releveurs du larynx, les *génio-hyoïdiens, mylo-hyoïdiens, stylo-hyoïdiens, hyo-thyroïdiens,* auxquels il faut ajouter une paire de muscles propres du pharynx, les *stylo-pharyngiens.* Dans ce premier mouvement, le pharynx va en quelque sorte au-devant du bol, le reçoit, puis l'entraîne par l'action non interrompue des constricteurs. D'après Gerdy, « ceux-ci se contractent, embrassent le voile par sa face supérieure et son bord libre, puis le compriment de haut en bas, et l'entraînent dans ce dernier sens avec le bol qui est au-dessous. Dans ce mouvement, le pharynx tend à avaler le voile, et l'avalerait si celui-ci n'était solidement fixé à la voûte osseuse. »

Cette interprétation du rôle mécanique du pharynx, tirée principalement de l'anatomie et de l'observation de soi-même, fut acceptée par quelques-uns, vivement critiquée par d'autres. Pour notre compte, nous la trouvons exacte. En effet, les ampoules que nous avons introduites sur les animaux, entre la face postérieure du voile et la paroi spinale du pharynx, en passant à travers les cavités nasales, ont toujours été vivement comprimées pendant la déglutition ; preuve que le pharynx se contracte sur le voile. De plus, nous eûmes plus d'une fois à souffrir de sa tendance à avaler le voile avec les aliments, car quelques-unes de nos ampoules furent arrachées de leur sonde et entraînées dans l'œsophage. En face de ces contre-temps de l'expérimentation, on devine ce qu'il adviendrait du voile s'il n'était pas plus solidement fixé que nos ampoules.

Mais est-ce là tout le rôle du pharynx dans la déglutition ? La contraction de ses muscles est-elle l'unique force qui fasse glisser le bol vers l'œsophage ?

Haller admet une dilatation du pharynx au deuxième temps : « Les mêmes causes qui élèvent le larynx, écrivait Haller, ne peuvent pas ne pas tirer aussi le pharynx en haut ; or, tiré en haut, il se dilate, d'autant plus que le larynx, éloigné des vertèbres et porté en avant, augmente cet espace, dont une dimension est la distance des vertèbres du cou à la paroi antérieure du pharynx, et encore la langue avec sa racine, étant portée un peu en avant, augmente la cavité du pharynx (1). »

Et plus loin :

« Les ptérygo-pharyngiens, et de concert les buccinateurs, les mylo-pharyngiens et les glosso-pharyngiens, appliquent le pharynx contre la langue qui résiste, en même temps qu'un sac rendu plus ample attend le bol derrière le larynx. »

Cette assertion du célèbre Haller ne paraît pas avoir beaucoup frappé les physiologistes qui vinrent immédiatement après lui, car elle ne fut reprise qu'en 1838 par Maissiat, qui en a exagéré l'importance (2). « Une conséquence évidente du transport en avant de l'os hyoïde et du larynx, dit Maissiat, c'est l'ampliation du pharynx derrière eux : il devra donc s'y faire ventouse. » Pourvu qu'il ne puisse être satisfait à cette ventouse que par le haut, où est le bol, l'auteur s'explique la déglutition pharyngienne : « Ainsi l'atmosphère me suffit, ajoute-t-il, et je ne puis accepter plus grande force, force active de contraction des piliers postérieurs du voile. »

Telles sont les paroles de Maissiat. Pour lui, on le voit, la descente du bol dans le pharynx est la conséquence physique de la dilatation de cet organe.

En 1865, M. Guinier, s'exerçant à déglutir un bol captif, s'aperçut : 1° que la déglutition du bol n'était complète qu'à la condition « d'emmagasiner préalablement une longueur assez grande de lien dans la bouche » ; et 2° que « quelque

______

(1) *Éléments de physiologie*, t. IV, p. 90.
(2) *Thèse de médecine.* Paris, 1838.

promptitude avec laquelle il retirait ce bol alimentaire solide et captif, il était déjà profondément engagé à plus d'un décimètre dans l'œsophage (1). » M. Guinier conclut de ces faits, qu'au moment de la déglutition, l'œsophage s'entr'ouvre, agit sur le bol alimentaire à la manière d'une ventouse et l'aspire brusquement de façon à l'entraîner instantanément jusqu'à une certaine profondeur.

Cette courte analyse suffit pour démontrer que M. Guinier partage à peu près l'opinion de Maissiat. Aussi se trompe-t-il quand il croit « que cet acte d'aspiration de l'œsophage agissant sur le bol à la manière d'une ventouse, dans l'acte normal de la déglutition, n'a été signalé par aucun physiologiste (2). »

La dilatation d'un point du pharynx, ou l'influence qu'elle peut exercer sur le bol a été combattue par Debrou, Bérard, Longet, Moura. Pourtant cette dilatation existe et son influence est réelle. Nous avons mis l'une et l'autre en évidence par le procédé suivant.

Après avoir pratiqué sur le Cheval une œsophagotomie au lieu d'élection, on introduit de bas en haut, dans l'œsophage, une sonde assez rigide munie à son extrémité supérieure d'un doigt de gant moyennement distendu par des fragments d'éponge. On s'arrête quand on sent la résistance considérable qu'opposent à la sonde les piliers postérieurs du voile du palais, qui viennent se réunir en arcade au-dessus de l'entrée de l'œsophage.

Lorsque l'ampoule est placée dans de bonnes conditions, elle fournit à chaque déglutition un tracé semblable à celui que l'on voit en O (fig. 5). Ici l'animal mâche de l'avoine ; aussi les mouvements de mastication se traduisent-ils par les courbes m, m. En d, survient une déglutition ; le tracé s'abaisse brusquement au-dessous du zéro, puis remonte assez rapidement au niveau primitif, qu'il dépasse même beaucoup, pour revenir enfin au zéro où l'on voit réapparaître les mouvements de mastication m', m'.

(1) Voy. *Gazette hebdomadaire*, 1865, p. 430.
(2) Guinier, *Étude sur le gargarisme laryngien*, p. 73. Montpellier, 1868

Il est donc évident, d'après ce tracé, qu'une ampoule située au fond du pharynx, à l'entrée de l'œsophage, se trouve tout à coup au milieu d'une cavité dont les parois cessent de la comprimer, c'est-à-dire au milieu d'une cavité qui s'agrandit.

Si l'on compare le tracé O aux tracés L, P et N (fig. 5), qui ont été pris en même temps, on constate que la dilatation du pharynx (*d*) débute avec l'ascension du larynx (*a*), le soulèvement du voile du palais (*d'*) et le refoulement de l'air dans les cavités nasales (*d"*). D'où l'on peut conclure : 1° que l'aspiration pharyngienne (*d*) se fait sentir pendant que le pharynx se raccourcit, que le thyroïde entre dans la fourche hyoïdienne, et que le voile du palais soulevé atteint la paroi postérieure du pharynx ; 2° qu'elle dure autant que la compression de l'air dans les cavités nasales, et qu'elle cesse quand le larynx

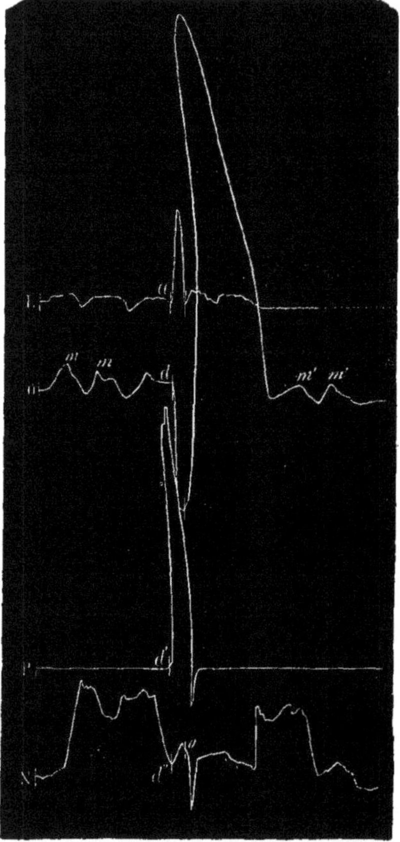

Fig. 5. — Montrant les rapports entre les mouvements du larynx L, et les pressions à l'entrée de l'œsophage O ; dans la partie moyenne du pharynx P ; dans les cavités nasales N (Cheval).

opère sa descente. On peut se rendre compte *de tactu* de l'existence et du siége de cette dilatation en essayant d'introduire le doigt dans le pharynx par une plaie faite à l'œsophage. Dans l'intervalle des déglutitions, tous les efforts seront à peu près infructueux ; la pointe du doigt, étroitement pincée entre le larynx et la voûte de l'anneau œsophagien, vient s'arrêter contre les piliers postérieurs du voile du palais. Mais l'animal fait-il une déglutition, on se sent tout à coup à l'aise, et le doigt glisse brusquement vers la cavité pharyngienne, d'où il ne tarde pas à être chassé lorsque les constricteurs entrent en action.

Maintenant que nous avons mis en évidence la dilatation du fond de l'arrière-bouche et l'aspiration qu'elle doit produire, nous pouvons examiner l'opinion de M. Carlet sur le vide de Maissiat. Ce physiologiste reconnaît une diminution de la pression intrapharyngienne pendant les déglutitions, mais il ne croit pas, avec Maissiat, qu'elle soit due au pharynx; il en place la cause dans le soulèvement du voile, et par conséquent le siége entre la base de la langue et le voile du palais. On peut faire à cette manière de voir une grave objection, étant connu le procédé expérimental de l'auteur. En effet, M. Carlet se contente d'explorer la cavité buccale. Or, peut-il savoir si la diminution de pression qu'il enregistre au moment de la déglutition a son point de départ dans le fond de la bouche, dans l'isthme du gosier ou dans le pharynx. Évidemment non. Quant à nous, après avoir placé des ampoules *in loco*, nous avons observé deux aspirations successives : une première, faible, qui se produit entre la base de la langue et le voile; une deuxième, beaucoup plus forte, qui commence à l'instant où la première va atteindre son maximum et dont le siége est au fond du pharynx, ou mieux à l'origine de l'œsophage.

Nous admettrons donc, avec Haller, Maissiat et M. Guinier une aspiration pharyngienne dont les agents sont les muscles chargés de soulever le pharynx, de faire basculer le larynx en avant et en haut, et de produire le gonflement de la base de la langue, auxquels il faut ajouter une certaine dépression intrathoracique, que nous étudierons bientôt. Mais est-ce à dire que nous considérions l'aspiration pharyngienne comme l'agent unique du passage du bol dans l'œsophage, à l'exemple de Maissiat et peut-être de M. Guinier? Non. La théorie exclusive et exagérée de Maissiat tendrait à nier l'utilité des constricteurs du pharynx. Or, l'expérience a démontré que la section des pneumogastriques au-dessus du plexus gangliforme de Willis apporte les difficultés les plus grandes à la déglutition. De plus, nous n'ignorons pas que les muscles du pharynx et du voile du palais peuvent, au besoin, se passer de l'intervention de la pression atmosphérique. Debrou a montré que l'on pouvait déglutir après avoir hermétiquement fermé la bouche et les narines. Nous avons répété cette expérience plusieurs fois ; nous l'avons même réalisée sur les animaux, après avoir pratiqué une trachéotomie, et la déglutition a paru se faire sans difficulté. Pourtant, sur l'Homme, l'occlusion de la bouche et des narines n'est pas toujours absolument sans inconvénient. Lorsque le bol est très-fluide, on sent quelquefois des parcelles alimentaires se projeter dans les cavités nasales au moment où le voile du palais se détache de la paroi postérieure du pharynx.

Nous croyons donc sage de regarder l'aspiration pharyngienne comme un adjuvant des organes contractiles qui agissent directement sur le bol, adjuvant précieux qui attire le bol, règle sa descente et ajoute à la rapidité de sa marche.

E. *Rôle de l'appareil respiratoire.* — Les auteurs sont dans l'habitude de rattacher à la description du temps pharyngien de la déglutition l'examen de la question suivante : Comment le bol alimentaire, en traversant le pharynx, évite-t-il les cavités nasales et l'entrée des voies respiratoires ?

La première partie de cette question a été jugée incidemment à propos du voile du palais. Nous avons démontré que cet organe, activement tendu, touchait le pharynx par son bord postérieur, que le pharynx lui-même l'embrassait étroitement : il n'en faut pas davantage pour empêcher au bol de prendre la voie des cavités nasales. Quant à la deuxième partie, elle nous arrêtera davantage. D'ailleurs, loin de nous borner, comme nos devanciers, à étudier seulement le rôle du larynx, nous porterons aussi notre attention sur les parties profondes de l'appareil respiratoire. Cette étude sera l'un des points les plus neufs de notre travail. Nous commencerons par elle, car dans l'ordre d'évolution des phénomènes de la déglutition, ceux qui ont leur point de départ dans le thorax précèdent les modifications qui ont leur siége au larynx.

1° *Dépression intrathoracique.* — Dans une note assez récente sur le mécanisme de la rumination (1), M. Toussaint a décrit des relations fort intéressantes entre le jeu du thorax et la réjection des aliments. A part ce travail, il ne paraît pas que les rapports de la respiration avec les premiers actes digestifs aient jamais attiré sérieusement l'attention. Pourtant ceux qu'il entretient avec la déglutition sont fort remarquables.

Voici par quelle circonstance nous avons été amené à les étudier. Un jour, nous avions fait une trachéotomie sur un Cheval. Reconduit à l'écurie, celui-ci se mit à manger comme d'habitude, seulement il faisait entendre à chaque déglutition un bruit sec que nous attribuâmes tout de suite à un abaissement brusque de la pression intrathoracique qui entraînait l'introduction de l'air extérieur dans l'arbre trachéo-bronchique. Pour juger la valeur de cette hypothèse, nous plongeâmes un trocart dans la trachée d'un autre Cheval; nous fîmes communiquer la canule avec un tambour à levier, et nous constatâmes que le levier du tambour s'abaissait brusquement à chaque déglutition.

L'existence d'une dépression trachéo-bronchique étant indéniable, il fallait déterminer les agents de ce phénomène, l'instant précis où il se produit, et l'influence qu'il peut avoir dans la déglutition pharyngienne.

a. La chute de la pression intrabronchique qui accompagne la déglutition n'est pas due à un mouvement inspiratoire ordinaire; car si l'on cherche à enregistrer les déplacements de l'air dans la trachée à l'aide de l'appareil qui a été construit par M. Toussaint, sur le principe de l'hémodromographe Chauveau (2), on s'aperçoit que l'air qui remplit l'appareil respiratoire est en repos absolu. Elle se produit donc après l'occlusion

---

(1) *Comptes rendus de l'Académie des sciences,* 24 août 1874.

(2) *Application de la méthode graphique à la détermination du mécanisme de la réjection dans la rumination (Archives de physiologie normale et pathologique,* mars-avril 1875).

du canal pharyngo-laryngien, soit par la dilatation de la partie supérieure de la trachée au moment de l'ascension du larynx, soit par la dilatation du thorax.

La première de ces causes peut être vite écartée, car s'il est vrai que la dépression trachéale coïncide avec l'ascension du larynx, l'on s'aperçoit aussi qu'elle diminue de bas en haut. De plus, si on isole la partie supérieure de la trachée de telle sorte qu'elle ne communique qu'avec le pharynx, on constate que la pression y augmente, tandis qu'elle diminue du côté de la poitrine.

Il faut donc se rattacher à la seconde hypothèse.

Si l'on enregistre simultanément la pression intra-trachéale (T), les mouvements du thorax (P) et de l'abdomen (F) à l'aide de ceintures pneumographiques et les déplacements du diaphragme (D), en introduisant une ampoule élastique entre le cæcum du Cheval et cette cloison contractile, on obtient les graphiques de la figure 6.

En jetant les yeux sur ces tracés, on observe qu'au moment d'une déglutition (*d*), toutes les courbes sont modifiées. Parmi les modifications, celle qui frappe le plus appartient à la pression trachéale qui subit une brusque et forte diminution. Au même instant le thorax s'abaisse; le flanc, au contraire, se soulève, et le diaphragme se contracte; d'où

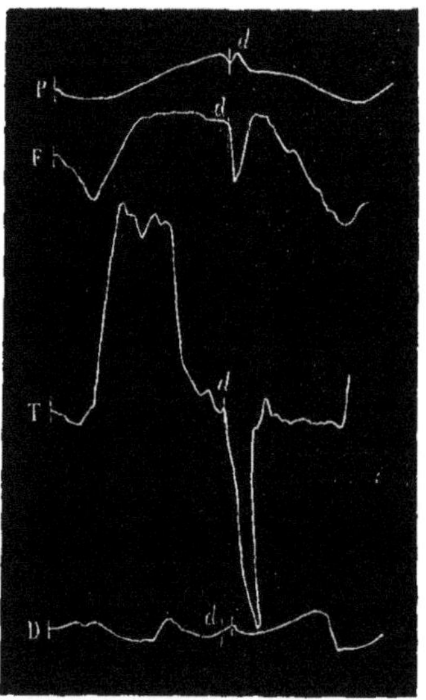

Fig. 6. — Montrant les rapports qui existent entre la dépression thoracique T, et les mouvements des côtes P, du flanc F, et du diaphragme D, au moment d'une déglutition.

l'on peut conclure que la dépression trachéo-bronchique reconnaît pour cause une dilatation de la cavité thoracique dont l'agent presque exclusif, chez le Cheval, est le diaphragme. Dans le Chien et l'Homme, les parois costales prennent une part plus importante à la production de ce phénomène.

ARTICLE N° 1.

b. Si l'on rapproche les tracés de la pression intra-trachéale et de la pression dans les cavités nasales (T, N, fig. 7), on voit que la pression baisse dans la trachée pendant qu'elle s'élève dans les cavités nasales (*d, d*) ; ce qui prouve que la dépression thoraco-diaphragmatique coïncide avec le début de la déglutition, c'est-à-dire avec l'as-cension du larynx, le soulèvement et la tension du voile du palais. On constate même, expérimentale-ment, qu'elle débute avant la fer-meture de la glotte, car ses effets se font sentir un court instant sur l'air du vestibule laryngien et du pharynx (voy. fig. 8). Quant à sa durée, elle est égale à celle de la contraction du pharynx : la dépres-sion thoracique cesse lorsque cet organe est sur le point d'entrer en relâchement.

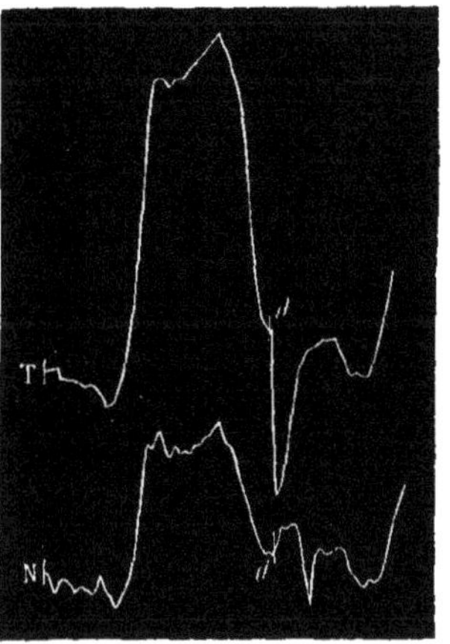

Fig. 7. — Montrant les relations de la dépression thoracique T, et de la pression dans les cavités nasales N (Cheval).

c. Maintenant que nous sommes fixés sur les causes et la durée de la dépression thoraco-diaphragmatique, nous pouvons exa-miner son influence sur la déglutition pharyngienne. Elle nous paraît fort importante, car elle facilite la déglutition en fixant le fond du pharynx et en raréfiant l'air au-devant des bols, et pro-tége les voies respiratoires en assurant l'occlusion du larynx.

La dépression thoracique fixe le fond du pharynx par l'intermé-diaire de l'œsophage. Effectivement, ce conduit est jeté comme un lien du pharynx au diaphragme ; si ce dernier se contracte, l'œsophage sera tendu, tirera sur le fond de l'arrière-bouche et l'empêchera de suivre le larynx dans son mouvement de bas-cule. Par conséquent, au moment où le larynx est porté en avant et en haut, l'entrée de l'œsophage, soumise à l'action de deux forces opposées, se dilate nécessairement et appelle le bol à son intérieur. L'immobilisation relative de l'arrière-bouche a paru aussi très-importante à Schiff, car ce physiologiste a remarqué que si l'on élève le larynx sans fixer le pharynx, la glotte reste entr'ouverte.

2° *Fonctions du larynx.* — Le larynx fait partie du plancher de la cavité traversée par le bol. Il est néanmoins protégé, contre l'introduction des aliments, par la position qu'il prend au moment d'une déglutition et par l'occlusion de la glotte.

Les auteurs admettent que, en se soulevant, le larynx s'abrite sous le plan incliné formé par la base de la langue qui se gonfle de plus en plus au fur et à mesure que s'accomplit le mouvement de déglutition. Ils admettent aussi que l'épiglotte se renverse sur l'entrée du larynx, et que les lèvres de la glotte se rapprochent de manière à achever la séparation des voies digestives et des voies respiratoires.

Nous n'avons rien à objecter à ce mécanisme; toutefois nous devons examiner si les actes que l'on décrit sont simultanés ou successifs, et si tous ont une égale importance.

a. Haller, Magendie, Maissiat, Longet, etc., ont cru que la glotte se fermait au début du deuxième temps.

Cette opinion n'est pas rigoureusement exacte.

Si l'on enregistre en même temps : la pression intra-trachéale T, d'après le procédé connu; la pression vestibulaire, en plongeant un trocart à travers le cartilage thyroïde dans l'angle formé par la veine faciale et la racine temporale de la jugulaire, et la pression intrapharyngienne en engageant profondément une ampoule dans le pharynx en passant par les cavités nasales, on obtient trois tracés superposés, dont l'étude est fort instructive (voy. fig. 8).

Dans l'intervalle de deux déglutitions, les courbes qui donnent la pression intra-trachéale (T) et intralaryngienne (L) subissent des modifications identiques. Survient une déglutition : on voit aussitôt une brusque dépression trachéale (*a*), et celle-ci se fait sentir sur le tracé du vestibule (*a'*) et même sur l'ampoule pharyngienne (*a''*). Donc, à ce moment-là, la glotte et l'orifice supérieur du larynx sont encore entr'ouverts. Si le vide thoracique n'est pas immédiatement comblé, c'est parce que le pharynx est absolument clos, d'un côté, par le voile du palais qui s'est soulevé ; de l'autre, par la langue, qui est étalée sur la voûte palatine.

En conséquence, la dépression thoracique pourra contribuer à raréfier l'air du fond du pharynx et à attirer le bol dans cette région. La béance de la glotte, au début de la déglutition, est une circonstance favorable à la production d'un vide pharyngien. Il est certain que si Maissiat avait connu ce fait, il n'aurait pas réclamé si expressément l'occlusion immédiate de la glotte pour asseoir sa théorie de l'aspiration pharyngienne.

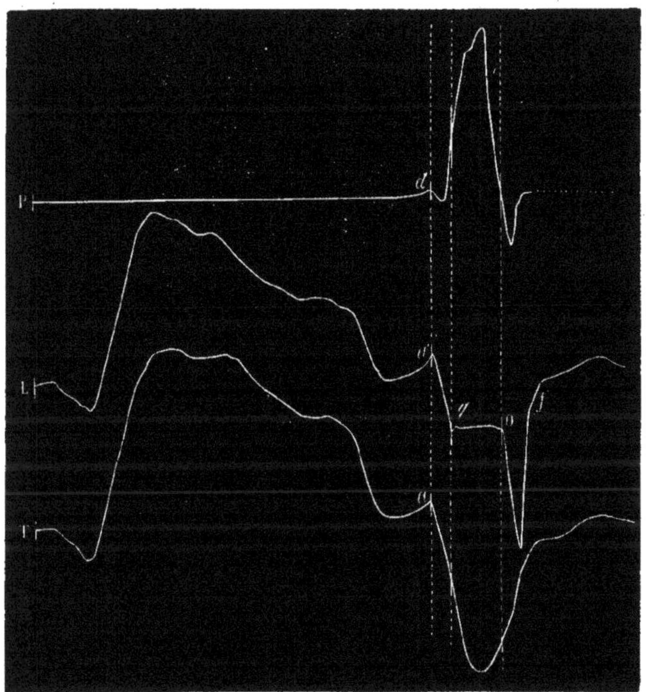

Fig. 8. — Rapports entre la pression intra-trachéale T, la pression dans le vestibule laryngien L, et la pression dans le fond du pharynx P (Cheval).

b. Nous venons de prouver que le larynx est encore entr'ouvert au commencement de la dépression thoracique qui signale, on le sait, le début d'une déglutition. Il faut chercher maintenant à quel instant et de quelle manière s'établit son occlusion.

Si l'on jette les yeux sur le tracé L (fig. 8), on s'aperçoit que la plume qui répond au vestibule laryngien reste horizontale de *g* en *o*, après s'être abaissée sous l'influence de la dépression thoraco-diaphragmatique *a*. La pression reste donc uniforme dans le vestibule, tandis qu'elle se modifie dans les cavités voisines, ce qui implique l'occlusion parfaite du vestibule du larynx.

Nous avons mesuré, sur le Cheval, le temps qui s'écoule entre le début d'une déglutition et la fermeture de la glotte. Nous l'avons trouvé égal à 3/37 de seconde en moyenne. Il est certain que l'occlusion du larynx commence avec l'ascension de cet organe ; mais elle n'est complète qu'au moment où le bol arrive au-dessus des voies respiratoires.

Nous ne parlerons pas des muscles qui déterminent l'occlusion du larynx. Nous rappellerons seulement que Haller, Magendie, Maissiat, Longet, ont pensé que la glotte se fermait d'abord passivement sous l'influence des muscles du pharynx, puis activement par la contraction de ses propres muscles. Le dernier de ces physiologistes a irréfutablement démontré, par la section des nerfs laryngés, que les agents qui peuvent fermer la glotte dans la déglutition ne sont pas forcément les mêmes que ceux qui entrent en jeu dans la respiration et la phonation.

Nous insisterons, au contraire, sur le rôle des parties qui ferment la cavité du larynx à ses deux extrémités.

Presque tous les physiologistes croient que l'entrée du larynx se ferme par les aryténoïdes et les cordes vocales supérieures, qui se rapprochent du plan médian, et par l'épiglotte, qui se renverse en arrière sur l'orifice préalablement rétréci. Quelques-uns ont pensé que l'épiglotte ne se renversait pas quand les bols étaient fluides, et d'autres, que l'épiglotte ne fermait jamais hermétiquement l'entrée du larynx.

A propos de la première dissidence, nous pouvons affirmer que nous avons constaté maintes fois, par le toucher ou à l'aide des appareils enregistreurs, que l'épiglotte se renverse toujours, quel que soit l'état physique des bols déglutis.

Quant à la seconde, M. Moura s'appuie sur des faits expérimentaux pour avancer que l'épiglotte laisse passer des liquides.

ARTICLE N° 1.

Après avoir introduit entre l'hyoïde et le thyroïde d'un Chien de taille moyenne « un trocart, de manière à faire pénétrer l'extrémité de sa canule *au-dessus des replis sus-glottiques* », M. Moura versa de l'eau dans la gueule de l'animal, et vit, à chaque déglutition, une gouttelette sortir brusquement avec des bulles d'air par l'orifice externe. Dans une autre expérience, il relia l'extrémité extérieure de la canule à un manomètre avec un tube de caoutchouc; aussitôt que le Chien buvait, on voyait la colonne mercurielle s'élever à 7 et 8 millimètres dans la branche graduée.

Nous objecterons, à la première expérience de M. Moura, une trop grande incertitude sur le point où aboutissait l'extrémité de la canule. Peut-être que celle-ci était engagée trop profondément vers le pharynx et empêchait l'épiglotte de s'abaisser sur l'entrée du larynx. Au surplus, M. Moura reconnaît lui-même que l'introduction du trocart est difficile sur le Chien, et qu'on n'est pas toujours sûr du lieu où aboutit l'instrument. En expérimentant sur des animaux plus volumineux, et par conséquent dans de meilleures conditions, nous avons constaté qu'à un certain moment, le vestibule est toujours absolument clos (voy. *go*, fig. 8).

A la seconde expérience de M. Moura, nous répondrons qu'elle ne s'applique pas au fait qu'il a voulu démontrer. En effet, rien ne prouve que l'élévation de la colonne manométrique soit due à l'introduction des boissons dans le vestibule. L'augmentation de la pression dans cette cavité pourrait être due à une autre cause. Du reste, à supposer que la conclusion de M. Moura soit exacte, elle ne s'appliquerait pas à la déglutition des solides.

Nous devions donc soumettre l'assertion de M. Moura à un contrôle expérimental rigoureux.

Le vestibule laryngien, étant placé entre la trachée et le larynx, peut être modifié par des causes qui procèdent de haut en bas et de bas en haut. Si l'on veut bien étudier les modifications qui se passent dans le vestibule sous l'influence du pharynx seulement, il faut mettre de côté l'influence du thorax.

3

Pour y arriver, nous avons institué l'expérience suivante : On fait une large trachéotomie au tiers supérieur du cou d'un cheval; un tube cylindrique de métal, fermé à son fond par une plaque munie d'une petite tubulure, est fixé solidement et étroitement dans le segment supérieur de la trachée. L'animal respire aisément par l'ouverture faite à la trachée, mais les changements de la pression intrathoracique ne peuvent se faire sentir sur l'air du vestibule. Cela étant, on met en communi-cation, avec des tambours à levier, la cavité du vestibule laryngien et celle du segment supérieur de la trachée. On obtient alors les graphiques de la figure 9, au moment d'une déglutition.

Le tracé L indique les chan-gements de la pression intra-laryngienne, et le tracé T, les changements de la pression in-tra - trachéale. On s'aperçoit qu'au moment d'une dégluti-tion, la pression s'élève brus-quement dans les deux cavités (d, g); bientôt la pression cesse de s'accroître; les plumes re-tombent même légèrement (ce qui tient à la vitesse acquise par les leviers et à l'élasticité du caoutchouc des tambours), restent ensuite un instant au

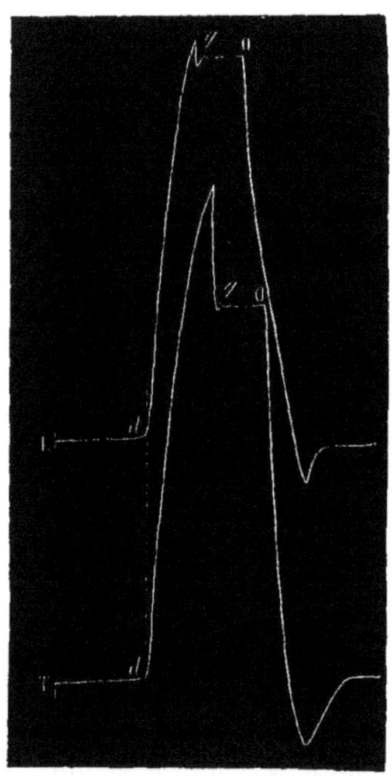

FIG. 9. — L, pression dans le vestibule laryn-gien; T, pression dans la partie supérieure de la trachée.

même niveau (go), puis s'abaissent rapidement jusqu'au-dessous du zéro. Si l'on compare ces tracés à ceux de la figure 8, on constate que l'isolement de la partie supérieure de la trachée a eu pour effet de convertir, dans le vestibule laryngien, une pression négative ($a'g$, fig. **8**) en une pression positive (dg, fig. **9**), beaucoup plus prononcée. Par conséquent, dans le cas où la trachée est libre, la pression qui règne dans le larynx au début d'une déglutition est égale à la différence qui existe entre une dépression qui procède du thorax et une compression de l'air, qui procède au contraire de haut en bas. Dans le Cheval, cette différence est négative ; mais, à la rigueur, on comprend, par l'expérience qui vient d'être exposée, que M. Moura ait observé une augmentation de la pression dans le larynx du Chien. Où nous nous séparons absolument de M. Moura, c'est sur la cause de cette augmentation. Est-elle produite, comme il le pense, par l'introduction de l'air du pharynx et d'une partie du bol dans le larynx au moment où les aliments sont poussés dans l'œsophage ? Évidemment non, puisque à l'instant où les aliments passent au-dessus du larynx, celui-ci est absolument clos, ainsi que le prouvent les lignes horizontales *go* dans les tracés de la figure 8 et de la figure 9. Il nous est donc impossible d'admettre, avec M. Moura, que le vestibule communique avec le pharynx pendant le passage du bol au-dessus des voies respiratoires. D'ailleurs, qu'arriverait-il à la fin d'une déglutition, si les aliments s'engageaient si facilement dans le vestibule ? On conçoit que le Chien serait constamment menacé de suffocation lorsque les cordes vocales s'écarteraient l'une de l'autre. Or, cet accident n'est pas plus fréquent sur le Chien que sur les autres espèces. L'expérience de M. Moura a donc dû pécher par quelque côté. Dans tous les cas, elle était incomplète, car elle ne donnait aucun renseignement sur les rapports qui existent entre la marche du bol et la compression de l'air dans le larynx.

L'occlusion du larynx par le rapprochement des cordes vocales ne fait aucun doute pour personne. Le tracé L, fig. 8, démontre que la fermeture de la glotte est parfaite, puisqu'elle soustrait complétement la cavité du larynx à l'influence du thorax. Mais on n'est plus d'accord sur son importance.

La fermeture de la glotte a été considérée, tantôt comme un acte capital dans la déglutition, tantôt comme un acte simplement utile et dont l'absence n'entraîne pas fatalement l'introduction des aliments dans les voies respiratoires.

Pour Magendie, l'occlusion de la glotte aurait un haut degré d'importance, car « c'est la raison pour laquelle aucune parcelle d'aliment ne s'introduit dans le larynx au moment où l'on avale (1) ». Maissiat a accepté sans réserve l'opinion de Magendie ; au reste, le rapprochement des cordes vocales lui paraissait nécessaire « pour qu'il ne soit pas satisfait au vide (indispensable dans sa théorie) qui tend à s'établir dans le pharynx, par l'air de la trachée » (2). P. Bérard a nié que la régularité de la déglutition soit due à la contraction de la glotte. Pour qu'il en soit ainsi, dit-il, « il faudrait que cette ouverture occupât l'extrémité supérieure du larynx. Or, elle est située au-dessous de la partie moyenne, et surmontée d'une cavité dans laquelle les aliments ne descendent certainement pas lorsqu'ils ont franchi l'isthme du gosier. La contraction de la glotte n'en est pas moins, pour Bérard, un phénomène important à constater, car c'est par elle que la nature met obstacle à l'introduction des aliments dans la trachée, lorsqu'ils se sont accidentellement introduits dans le larynx » (3). Longet, à son tour, n'a pas cru à l'absolue nécessité de l'occlusion de la glotte, car sur deux Moutons et deux Chiens, des aliments solides, enfoncés assez avant, furent facilement déglutis, sans jamais tomber dans la trachée, malgré l'écartement artificiel des *lèvres de la glotte ;* il en fut de même des liquides versés dans la bouche de ces animaux (4).

Les tracés de la pression intralaryngienne que nous avons déjà étudiés nous permettent de partager, sans hésitation, l'opinion de Bérard et de Longet. Nous avons vu que, dans les conditions ordinaires, le vestibule laryngien est exactement séparé du pharynx. Peu importe alors que la glotte soit ouverte ou fermée, l'entrée de la trachée n'en sera pas moins protégée contre les parcelles alimentaires.

Ces dernières expériences de Longet furent opposées, bien

(1) *Précis de physiologie*, t. II, p. 66.
(2) Thèse citée, p. 66.
(3) *Addition aux éléments de physiologie* de Richerand, 10ᵉ édit., t. I, p. 232.
(4) *Traité de physiologie*, 2ᵉ édit., t. I, p. 110.
     ARTICLE Nº 1.

à tort, à la théorie de Maissiat. En effet, puisque le larynx est fermé sans l'intervention des cordes vocales, il ne peut être satisfait au vide pharyngien par l'air de la trachée, lorsqu'on entretient la béance de la glotte. Au demeurant, avec les connaissances que nous avons aujourd'hui sur le rôle du thorax dans la déglutition, si la béance de la glotte devait exercer quelque influence sur le vide pharyngien, elle serait plutôt favorable que nuisible.

En résumé, plusieurs parties de l'appareil respiratoire concourent à l'exécution des déglutitions isolées. Les côtes, et surtout le diaphragme, déterminent, en se soulevant, une tension de l'œsophage favorable à la dilatation du fond de l'arrière-bouche et à l'occlusion passive du larynx ; ils déterminent aussi cette dépression trachéo-bronchique qui, après avoir contribué à raréfier l'air du pharynx, maintient les lèvres de la glotte appliquées l'une contre l'autre et tend à attirer en bas l'épiglotte et les aryténoïdes. Lorsque la déglutition est normale, cette aspiration ne constitue jamais un danger, car elle cesse d'agir sur les aliments lorsqu'ils arrivent au-dessus de l'entrée du larynx. Elle agirait comme une force attractive qui se déroberait aussitôt que le corps qu'elle a appelé arrive jusqu'à elle.

Les agents chargés de supprimer tout à coup l'action du thorax sont : les cordes vocales supérieures ; les aryténoïdes et l'épiglotte, qui se rapprochent de plus en plus au fur et à mesure que le larynx se soulève, et les lèvres de la glotte, qui se comportent de la même manière, et qui, à un moment donné, isolent la trachée du pharynx.

F. *Relâchement du pharynx.* — Lorsque le bol s'est engagé dans l'origine de l'œsophage, les muscles qui s'étaient contractés cessent d'agir : la langue entre en repos, le larynx revient à sa position naturelle ; le pharynx, qui s'était raccourci et resserré, reprend ses diamètres habituels ; le voile du palais, relâché, quitte la paroi postérieure de l'arrière-bouche ; l'épiglotte se redresse, le vestibule laryngien et la glotte s'entr'ouvrent. Tels sont les phénomènes qui débutent au même instant, comme par le jeu d'une détente, à la fin des déglutitions pharyngiennes isolées.

Le retour brusque du pharynx à ses dimensions premières est le phénomène qui domine cet ensemble. Il s'accuse par l'aspiration qu'il exerce sur l'air des cavités voisines qui se trouvent tout à coup en communication avec l'arrière-bouche. Cette aspiration se fait sentir sur une ampoule intrapharyngienne (voy. P, fig. 8) ; elle se propage, en bas au vestibule laryngien (voy. L, *of*, fig. 8), en haut aux cavités nasales (voy. N, fig. 4 et 5), au fond de la bouche, et jusqu'à l'oreille moyenne, ainsi que nous l'avons constaté en enregistrant sur le Cheval la pression qui règne dans les poches gutturales.

L'influence du retour du pharynx à ses dimensions premières ne se fait sentir sur l'air des cavités nasales qu'à la condition que le pharynx ait cessé d'embrasser le bord inférieur et la face postérieure du voile du palais. La séparation de ces deux organes se fait plus ou moins brusquement et plus ou moins nettement. Si elle est brusque et rapide, l'aspiration pharyngienne s'ajoute à la dépression qui s'établit dans les cavités nasales pendant la descente du voile et la contraction du pharynx. On obtient alors une pression

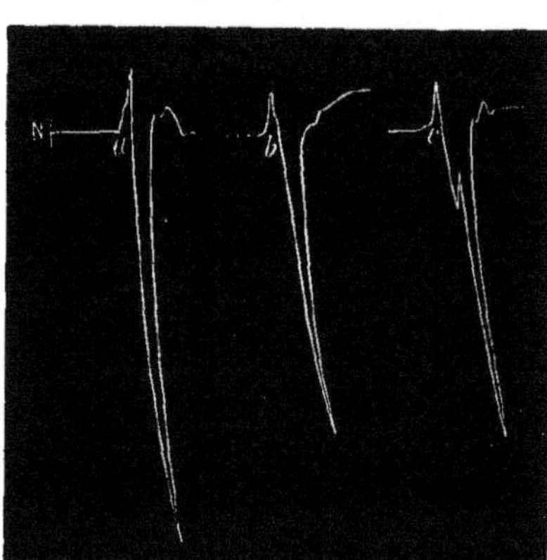

Fig. 10. — *a, b, c,* différentes formes de la pression dans les cavités nasales de l'Homme pendant les déglutitions.

négative continue, comme on le voit en *a* et *b* (fig. 10), où l'on a enregistré la pression des cavités nasales de l'Homme. Si, au contraire, elle est moins brusque et moins nette, l'aspiration ne suivra pas immédiatement la descente du voile ; aussi le tracé que l'on obtiendra sera entrecoupé par un soubresaut (voy. *c*, fig. 10).

Il résulte, de ce que nous venons de dire, que la fin de la

déglutition coïncide avec une deuxième aspiration pharyngienne. Celle-ci est consécutive au passage du bol, et elle sera d'autant plus grande, que le pharynx aura éprouvé plus de difficulté à agir sur les matières à avaler. C'est elle que Maissiat mettait en évidence en fixant un petit manomètre sur une narine. Par conséquent cet auteur se trompait en lui attribuant la descente du bol dans l'œsophage. Les déductions de Maissiat étaient donc mauvaises; mais le fait qu'il avançait était vrai. Nous avons démontré plus haut que le fond du pharynx se dilate réellement au début de la déglutition.

G. *Durée des périodes de la déglutition bucco-pharyngienne.* — Tous les phénomènes que nous avons décrits constituent, par leur association, la déglutition bucco-pharyngienne isolée. Étudiés avec les moyens que nous avons employés, on acquiert la certitude qu'ils sont : les uns, de l'ordre physique ; les autres, de l'ordre mécanique. Si l'on étudie leur enchaînement, on parvient à distinguer, dans la déglutition bucco-pharyngienne isolée, trois périodes. Elles sont indiquées sur le tracé du vestibule laryngien (L, fig. 8). La première ($a'g$) correspond à l'aspiration trachéale, à la dilatation du pharynx et au passage du bol du fond de la bouche jusqu'au-dessus du larynx ; la seconde (go) répond à l'occlusion de la glotte et du vestibule laryngien, à l'activité des constricteurs et au passage du bol au devant du larynx ; la troisième (of) coïncide avec la chute du larynx, l'allongement du pharynx et l'ouverture de la glotte.

La moyenne de plusieurs expériences nous a donné quinze trente-septièmes de seconde pour la durée d'une déglutition isolée. Les trois périodes se partagent ce très-court instant d'après les chiffres 3, 9, 3 ; de sorte que le temps qui s'écoule entre l'occlusion et l'ouverture de la glotte, temps qui exprime la durée réelle de la déglutition, est en moyenne un quart de seconde. Ce serait donc pendant un quart de seconde seulement que la respiration serait suspendue à chaque déglutition. Mais, comme ce quart de seconde est occupé par une forte dépression thoraco-diaphragmatique, il s'ensuit que les parois thoraciques ne sont jamais au repos pendant les déglutitions isolées.

§ 2. — Déglutitions associées.

Nous avons dit ailleurs ce que nous entendions par déglutitions associées, et nous avons montré qu'elles ne pouvaient s'exercer que sur les substances liquides.

I. *Historique.* — Les physiologistes établissent tous, dans l'étude de la déglutition, une division basée sur l'état liquide ou solide des substances alimentaires ; mais ils disent fort peu de chose sur les différences que l'état physique des bols entraîne dans le mécanisme de la fonction. Quelques-uns sont même absolument muets sur ces différences. Il en est cependant un certain nombre qui ont exprimé leur opinion sur ce sujet. Tel est Magendie, qui pense que nous avalons les liquides par le même mécanisme que les aliments solides. « Mais, ajoute-t-il, comme les boissons glissent plus aisément à la surface de la membrane muqueuse du palais, de la langue, du pharynx, etc.; comme elles cèdent sans difficulté à la moindre pression, et qu'elles présentent toujours les qualités requises pour traverser le pharynx, elles sont, en général, avalées avec moins de difficulté que les aliments solides. Je ne sais pourquoi l'opinion contraire est généralement répandue (1). » Tels sont aussi les auteurs du *Dictionnaire de médecine* (2), qui, après avoir exposé le mécanisme de la déglutition des solides d'après Gerdy, disent que « les aliments liquides et les boissons sont introduits dans l'œsophage par un mécanisme absolument semblable. Il est à remarquer, toutefois, ajoutent-ils, que le peu de cohésion de leurs parties, qui favorise d'un côté leur passage, nécessite de l'autre une précision et une exactitude plus grandes dans les mouvements de la déglutition pour qu'ils ne s'éloignent pas de la route qu'ils doivent suivre. »

Citons encore Longet, qui, après avoir écrit dans la première édition de son livre que l'épiglotte restait dressée pendant la déglutition des boissons, et que ces liquides suivaient les rigoles qui se trouvent sur les côtés de l'orifice supérieur du larynx,

(1) *Précis élémentaire de physiologie,* t. II.
(2) *Dictionnaire de médecine,* 1835, article DIGESTION.

ARTICLE N° 1.

reconnaît qu'il s'était trompé, car il a fait disparaître ce passage des éditions ultérieures. D'autres, enfin, parmi lesquels se trouve M. G. Colin, annoncent de très-légères différences que l'on cherche ensuite vainement dans la description détaillée qu'ils donnent de la déglutition des boissons.

En résumé, on observe dans les écrits des physiologistes une indécision qui s'explique, à notre avis, par l'importance qu'ils attachaient à l'état physique des bols plutôt qu'au mode selon lequel les déglutitions se succèdent. La question méritait donc d'être reprise avec soin. En l'étudiant de nouveau, nous avons observé des différences dont la cause appartient à l'association et à la rapidité des déglutitions.

II. *Du mécanisme des déglutitions associées bucco-pharyngiennes.* — Dans ce paragraphe, nous nous bornerons à comparer le mécanisme des déglutitions associées à celui des déglutitions isolées. Nous suivrons, par conséquent, le même ordre que dans l'article précédent.

A. *Mouvements des mâchoires.* — La déglutition des boissons peut débuter à n'importe quelle période d'un mouvement respiratoire, tandis que les déglutitions isolées coïncident à peu près toujours avec la fin de l'inspiration.

Dès le commencement des déglutitions associées, les mâchoires se placent dans un état d'écartement moyen, qu'elles exagèrent un peu à l'introduction de chaque nouvelle gorgée. On se rend compte de ces mouvements en introduisant une ampoule élastique entre le masséter et la peau. Cette ampoule fournit le tracé de la figure 11, sur lequel les *minima* s'élèvent

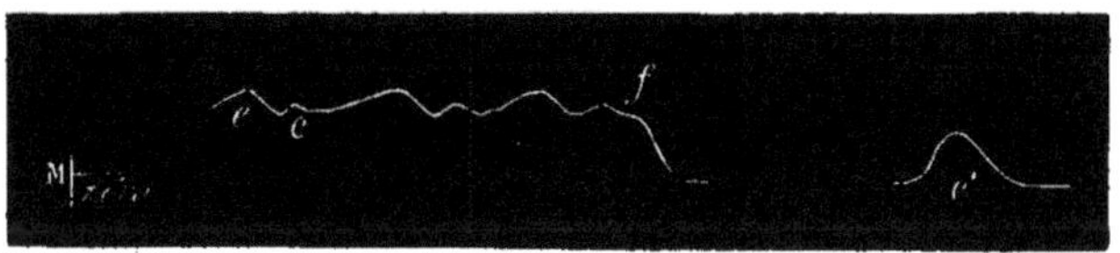

Fig. 11. — Tracé des mouvements des mâchoires dans les déglutitions associées.

immédiatement au-dessus de zéro et s'y maintiennent jusqu'à la fin (*f*) de la déglutition des boissons à gorgées successives. En outre, la courbe s'élève deux fois à chaque déglutition : une

première fois (*e*) sous l'influence de l'écartement des mâchoires ;
une deuxième fois (*c*) sous l'influence de la contraction et du
gonflement du masséter, qui compriment légèrement l'ampoule
exploratrice.

Le caractère principal du jeu des mâchoires dans les déglutitions associées consiste donc dans la persistance de l'écartement moyen des maxillaires. On conçoit aisément, du reste, la
nécessité de cet écartement moyen et de sa légère exagération
à chaque déglutition, car il faut que les boissons puissent entrer
et trouver une place dans la bouche. Quant à la légère contraction des masséters, qui accompagne les mouvements de
déglutition, elle a pour but de fixer la mâchoire inférieure,
afin que les muscles élévateurs du larynx puissent trouver sur
elle un point d'appui solide. Il est digne de remarque que la
contraction des masséters atteint son maximum lorsque l'animal
déglutit les gouttes de liquide qui s'amassent au fond de la
bouche à la fin de la préhension des boissons, comme on le
voit en *c'*, fig. 11. Ce fait vient à l'appui de l'une de nos assertions antérieures, à savoir : que les bols petits et fluides demandent, pour être déglutis, une somme d'efforts plus considérable que les bols plus volumineux et d'une consistance
moyenne.

B. *Ascension du larynx*. — Elle s'opère par le même mécanisme et au même instant que dans le cas des déglutitions
isolées. Toutefois on constate que le larynx *tend* à se fixer dans
une position intermédiaire entre la plus basse et la plus élevée,
et qu'il exécute autour de cette position moyenne des mouvements d'ascension et de descente. Sur un tracé des déplacements du larynx, on observe que les *minima* déterminent une
courbe convexe qui s'élève tant que le sujet boit avec précipi-
tation, et décroît ensuite, au fur et à mesure que les gorgées
s'éloignent les unes des autres. La rapidité avec laquelle les
gorgées se succèdent ne permet pas au larynx d'accomplir toute
sa course à chaque déglutition.

C. *Rôle de la langue, du voile du palais et de l'isthme du
gosier*. — Nous avons déterminé le rôle de ces organes en

explorant le fond de la bouche et les cavités nasales, sur l'Homme ; l'isthme du gosier, le pharynx et les cavités nasales, sur le Cheval.

1° *Homme.*— L'Homme prend habituellement ses boissons par deux modes différents : elles arrivent dans la bouche par le jeu de la langue qui fait office de piston (exemple : lorsque nous buvons avec une pipette ou dans un verre presque vide) ; ou bien elles sont comme versées dans la bouche sous la forme d'une nappe liquide étendue du récipient au fond de la cavité buccale (exemple : lorsque nous buvons d'*un trait* dans un verre exactement rempli, en renversant un peu la tête).

Dans le premier cas, les tracés de la pression qui règne dans le fond de la bouche et dans les cavités nasales ressemblent beaucoup à ceux que l'on obtient pendant les déglutitions isolées. Il faut signaler pourtant, sur le tracé du fond de la bouche, une légère courbe positive entre le passage de deux gorgées. Elle correspond à l'accumulation graduelle des boissons dans la cavité buccale, sous l'influence de la langue qui manœuvre comme un piston. Le jeu du voile du palais et de l'isthme n'offre rien de particulier.

Dans le second cas, on observe que la pression des cavités nasales s'élève légèrement au début, puis reste uniforme jusqu'à ce que le mode de déglutition soit modifié.

Le tracé manométrique de la figure 12 montre les changements que subit la pression des cavités nasales dans l'un et l'autre mode.

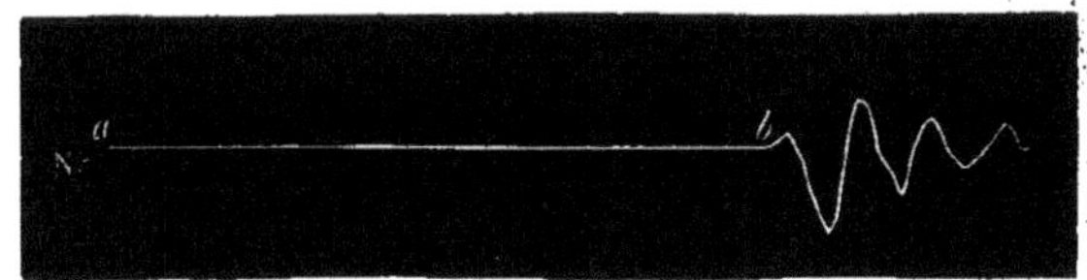

Fig. 12. — Tracé de la pression dans les cavités nasales de l'Homme pendant les déglutitions associées.

Après avoir mis en communication l'intérieur de notre appareil explorateur (nez de plomb) avec la cavité d'un tambour à levier, si l'on boit rapidement dans un verre exactement rempli, le tracé N s'élève immédiatement en *a* et se maintient à ce niveau jusqu'en *b*. A ce moment, le niveau du liquide s'étant notablement abaissé dans le verre, les déglutitions s'éloignent les unes des autres ; aussitôt le graphique présente une suite d'oscillations dans lesquelles les pressions négatives l'emportent sur les pressions positives. Ce résultat nous démontre que, dans la déglutition des boissons d'*un seul trait*, le voile du palais se soulève et se fixe dans cette position, tandis que dans la déglutition suivant l'autre mode, le voile oscille comme dans les déglutitions isolées, sans toutefois s'abaisser autant.

2° *Cheval.* — Cet animal prend toujours ses boissons par pompement ; aussi les déglutitions associées se font-elles chez lui d'après le premier mode que nous avons reconnu dans notre espèce.

Si l'on prend, sur le Cheval, le tracé de la pression des cavités nasales, on constate qu'à chaque gorgée, la pression s'élève et s'abaisse dans ces cavités ; ce qui prouve que le voile du palais se soulève et s'abaisse alternativement à chacune des déglutitions associées.

Si l'on enregistre les changements de pression qui se produisent dans l'isthme du gosier, on obtient des courbes comme celles de la figure 13. On remarque, sur ces tracés, que l'isthme commence par se dilater légèrement à l'arrivée d'une gorgée de liquide (*a*, *a'*). La dilatation est produite par le soulèvement du voile du palais, comme dans les déglutitions isolées. Les quelques différences que l'on observe, dans le cas particulier qui nous occupe, portent sur les caractères du resserrement de l'isthme qui suit la dilatation,

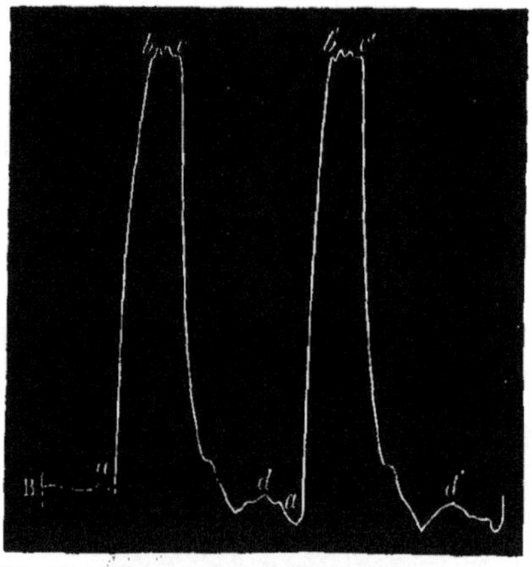

Fig. 13. — Pression dans l'isthme du gosier du Cheval pendant les déglutitions associées.

et sur l'accumulation du liquide qui se fait au fond de la bouche dans l'intervalle des déglutitions. Le resserrement s'opère d'une façon soutenue, comme l'indique la forme des sommets des courbes abc et $a'b'c'$, probablement dans le but d'empêcher le reflux des boissons vers la bouche. Quant à l'accumulation des boissons entre la base de la langue et la face antérieure du voile, elle est prouvée par les courbes d et d', qui accusent une compression de l'ampoule exploratrice.

En résumé, le rôle de l'isthme du gosier, de la langue et du voile du palais est plus ou moins modifié dans la déglutition des liquides; les modifications ne sont jamais déterminées exclusivement par l'état physique des bols.

D. *Pharynx.* — Généralement le passage des boissons dans cet organe se fait en deux temps, ou, pour mieux dire, les liquides éprouvent dans cet organe deux impulsions successives. Une ampoule introduite dans le pharynx pendant une série de déglutitions associées donne le graphique ci-joint (P, fig. 14). Chaque courbe de déglutition se compose de deux parties r et r'. On peut en inférer que le liquide

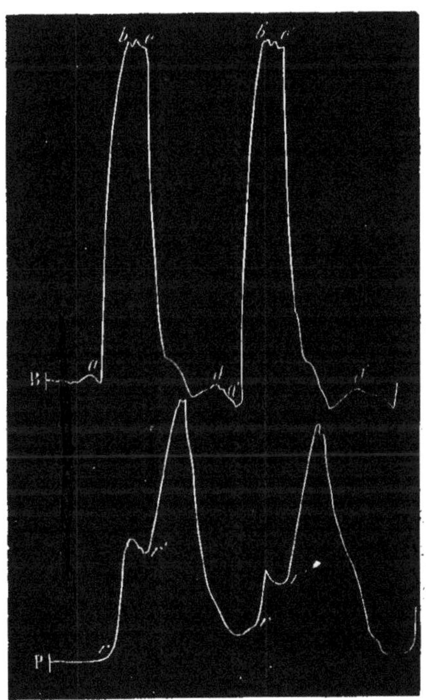

FIG. 14. — Montrant les pressions que subissent les boissons dans l'isthme du gosier B, et dans le pharynx du Cheval P, pendant les déglutitions associées.

dans lequel est plongée l'ampoule exploratrice subit deux compressions successives. Si l'on compare le tracé du pharynx à celui de l'isthme, on s'aperçoit que la première impulsion (r)

est communiquée au liquide par le resserrement de l'isthme, et la seconde (r') par l'action des constricteurs du pharynx.

Quelquefois les deux temps sont moins accusés; la première ascension, brusque dans le tracé ci-joint, peut être remplacée par une courbe graduellement ascendante. Ce caractère dénote que, dans certains cas, l'isthme agit sur les liquides avec plus de lenteur.

La progression du bol en deux temps appartient aussi aux déglutitions isolées; mais, comme elle est incomparablement plus accentuée dans les déglutitions associées, nous n'hésitons pas à en faire l'un des caractères différentiels de ces dernières. Ajoutons que la fin des contractions pharyngiennes dans les déglutitions associées n'est pas suivie de l'aspiration parfois très-marquée que l'on observe sur le tracé des déglutitions isolées. Cette différence tient à ce que le pharynx ne rentre pas complétement en repos après le passage de chaque ondée.

Ce n'est pas tout. Si l'on introduit une ampoule élastique dans la région moyenne du pharynx, on verra, comme dans le

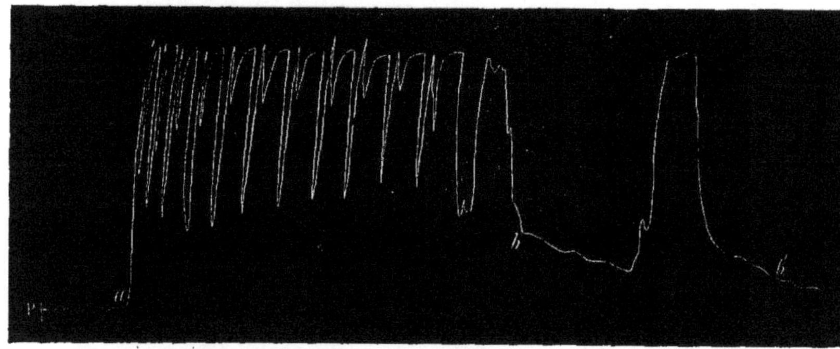

FIG. 15. — Montrant que la pression s'élève graduellement dans le pharynx pendant une série de déglutitions associées.

tracé figure 15, qu'elle restera comprimée pendant toute la durée de la préhension des boissons. Ainsi, sur notre tracé, on voit la courbe P s'élever brusquement en a, au moment de la première déglutition, et ses *minima* rester toujours au-dessus de zéro, jusqu'à ce que l'animal cesse de boire, en b. Dès lors la courbe s'abaisse graduellement, pendant que l'animal avale, en b et b', les gouttes de liquide qui sont restées dans sa bouche.

Si l'on place l'ampoule dans l'arrière-fond du pharynx, on obtiendra au contraire un tracé dont les *minima* s'abaisseront au fur et à mesure que le nombre des déglutitions associées deviendra plus considérable. Le tracé *o* (fig. 16) a été obtenu dans ces conditions.

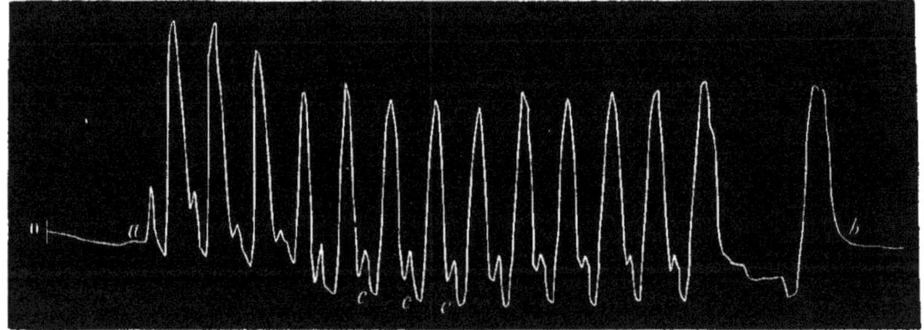

Fig. 16. — Montrant que la pression baisse à l'origine de l'œsophage pendant une série de déglutitions associées.

En rapprochant les tracés 15 et 16, on acquiert la certitude que, pendant les déglutitions associées, le pharynx se place dans un état de constriction et de raccourcissement moyen, qui augmente à chaque déglutition ; tandis que la partie initiale de l'œsophage se dilate peu à peu, tout en présentant, à l'arrivée d'une nouvelle ondée, une nouvelle dilatation (c, c', c'') qui s'ajoute à la dilatation permanente.

Ces deux phénomènes appartiennent aux déglutitions associées. Ils sont la conséquence l'un de l'autre, et tous les deux la conséquence de la rapidité avec laquelle les déglutitions se succèdent. En effet, les déglutitions se succèdent à de très-courts intervalles, les organes pharyngo-laryngiens n'ont pas le temps de revenir, après chaque gorgée, dans leur position de repos. Les muscles qui raccourcissent le pharynx et qui élèvent le voile du palais et le larynx doivent donc rester dans un état de contraction moyenne. Or, ces muscles sont précisément ceux qui resserrent le pharynx et qui dilatent l'origine de l'œsophage. Par conséquent il est rationnel de voir coexister ces phénomènes.

Quoi qu'il en soit, les modifications du pharynx sont très-favorables à la prompte disparition des liquides, car ceux-ci arrivent dans des organes préparés tout à la fois à les recevoir et à les chasser dans l'œsophage.

E. *Rôle de l'appareil respiratoire.* — Presque tous les auteurs sont muets sur le jeu de l'appareil respiratoire dans les déglutitions associées. Disons toutefois que tous ont fait une exception en faveur de l'épiglotte, sur le compte de laquelle ils s'étendent avec complaisance.

Nous ne reproduirons pas les nombreuses discussions qui éclatèrent à propos de ce cartilage. Les effets de la déformation ou des ulcérations de cet organe appartiennent plutôt à la pathologie qu'à la physiologie. Au surplus, l'épiglotte était très-difficile à explorer à l'aide de la méthode expérimentale que nous avions adoptée. Nous parlerons donc principalement du jeu du thorax.

1° *Cavité thoracique.* — A notre connaissance, M. Colin est le seul auteur qui ait parlé des mouvements du thorax pendant la déglutition des boissons. Il s'exprime en ces termes : « Lorsque les liquides sont déglutis en quantité un peu considérable, ils passent sous forme d'ondées par-dessus l'orifice du larynx incliné antérieurement et fermé, ondées qui se succèdent rapidement, et dans les intervalles desquelles la glotte s'ouvre pour donner passage à l'air inspiré ou expiré (1). »

Il est vrai que, dans la plupart des cas, la respiration continue de s'accomplir pendant la déglutition des boissons ; mais parfois elle est suspendue. Nous avons observé cet arrêt sur l'Homme, quand il boit *d'un trait* avec une grande rapidité, et sur le Cheval, quand il prend ses boissons avec une avidité extraordinaire, ou lorsqu'il est gêné par la présence d'un corps étranger dans le vestibule laryngien.

En enregistrant les mouvements du thorax, on obtient, dans les cas où la respiration n'est pas suspendue, des courbes très-curieuses dont on voit un spécimen sur la figure 17. Ces courbes ont moins d'amplitude et plus de longueur que celles des respi-

---

(1) *Traité de physiologie,* 2ᵉ édition.
　　ARTICLE N° 1.

rations ordinaires, ce qui démontre que, durant les déglutitions associées, les mouvements respiratoires sont plus lents et moins étendus qu'à l'état ordinaire (1) ; en outre, elles sont hérissées de soubresauts en nombre égal à celui des déglutitions.

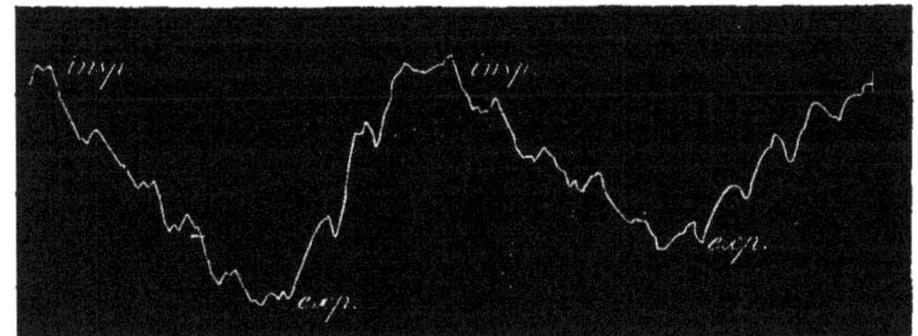

Fig. 17. — Mouvements respiratoires thoraciques pendant les déglutitions associées.

Pour déterminer la nature des soubresauts qui hérissent les courbes respiratoires, il faut enregistrer les mouvements du thorax sur un cylindre qui tourne avec une assez grande vitesse (axe moyen ou rapide de l'enregistreur universel), et comparer les tracés avec ceux du flanc et de la pression intra-trachéale.

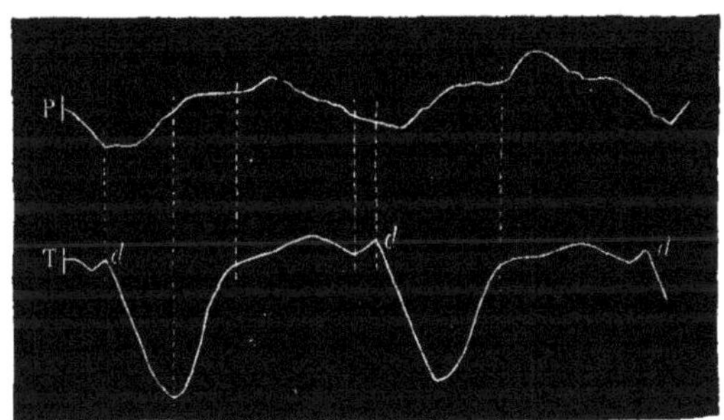

Fig. 18. — P, mouvements du thorax ; T, pression intra-trachéale pendant les déglutitions associées (Cheval).

Si l'on étudie les tracés simultanés du thorax P et de la trachée T (fig. 18), on constate que la pression intra-trachéale subit à chaque déglutition (d, d', d'') une chute brusque et de

(1) Au début de la préhension des boissons, la durée des mouvements respiratoires augmente pendant que leur amplitude diminue ; à la fin, surtout si la préhension des boissons a été longue, on observe le contraire : la durée diminue, l'amplitude augmente.

4

courte durée, tandis que les parois thoraciques entrent en expiration ; de sorte qu'il est impossible d'attribuer la dépression
intra-trachéale à l'action des parois costales. Mais si l'on étudie
de la même manière les tracés du flanc (F) et de la trachée (T,
fig. 19), on s'aperçoit qu'il y a parallélisme entre les dépres-

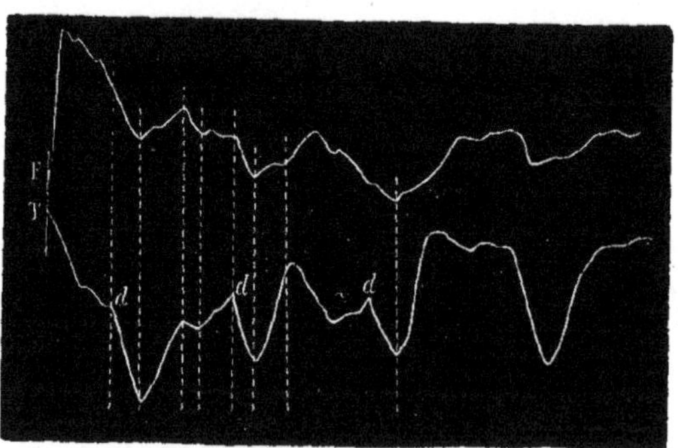

Fig. 19. — F, mouvements du flanc; T, pression intra-trachéale pendant les déglutitions
associées (Cheval).

sions (d, d', d'') et les mouvements de l'abdomen. D'où il
faut conclure que les modifications des courbes costales et tra-
chéales sont dues à l'influence d'un organe qui agit en même
temps sur les viscères abdominaux. Cet organe ne peut être
que le diaphragme, qui, en se contractant, produit une forte
dépression thoracique et presse sur la masse intestinale.

En résumé, le thorax agit de la même façon dans les déglutitions isolées et dans les déglutitions associées. Toutefois, pendant les déglutitions associées, son intervention revient plusieurs
fois, et indifféremment, dans l'inspiration et l'expiration. Aussi
ces fréquentes dépressions thoraciques, accompagnées de la
fermeture de la glotte, impriment-elles aux parois costales
et abdominales des ébranlements très-multipliés.

Il est inutile de dire que la contraction du diaphragme exerce
ici la même influence que dans les déglutitions isolées.

2° *Larynx.* — Nous avons fort peu à dire sur le jeu de cet
organe, qui reste toujours le même. Ainsi, pendant les déglutitions associées, le vestibule laryngien et la glotte se ferment,
le larynx tout entier se transporte sous la base de la langue,

l'épiglotte se renverse pour laisser passer au-dessus d'elle les ondées de boissons. Une seule différence un peu importante s'observe dans les déglutitions associées, nous voulons parler de la rapidité des oscillations de l'épiglotte. Elle est telle, que l'air qui a été refoulé dans le vestibule au moment d'une déglutition n'a pas le temps de se mettre en équilibre de pression avec l'air du pharynx avant l'arrivée de la déglutition suivante. Cette particularité devient très-visible si l'on isole la partie supérieure de la trachée et si on la fait communiquer avec un tambour enregistreur. Pendant la déglutition des boissons on voit le levier décrire une série de courbes très-brusques dont les *minima* vont graduellement en s'élevant au-dessus de zéro, preuve que l'air est comprimé dans le vestibule et la trachée. Lorsque la trachée est libre, la compression de l'air est insensible, parce que le mouvement respiratoire, qui se continue entre chaque déglutition, rétablit aussitôt l'équilibre dans la cavité du larynx.

F. *Relâchement du pharynx*. — Après le passage d'une ondée, l'appareil laryngo-pharyngien tend à reprendre sa position de repos. Mais, comme nous avons montré ailleurs que le larynx reste à demi-soulevé et le pharynx à demi-contracté pendant la préhension des boissons, il en résulte que le pharynx ne s'allonge que d'une très-petite quantité après chaque déglutition associée. Le pharynx ne se relâche réellement qu'à la fin de la préhension des boissons.

Il résulte de ce fait que l'aspiration pharyngienne qui accompagne les déglutitions isolées est à peine sensible après chacune des déglutitions associées.

Nous avons terminé notre étude comparative du mécanisme de la déglutition bucco-pharyngienne, et nous croyons avoir démontré qu'il se modifie, tout simplement lorsque les liquides sont déglutis par gorgées très-rapprochées les unes des autres.

CHAPITRE III.

DEUXIÈME TEMPS OU TEMPS ŒSOPHAGIEN DE LA DÉGLUTITION DES MAMMIFÈRES.

Lorsqu'on parcourt les écrits des physiologistes sur la déglutition, on s'aperçoit que le *temps œsophagien* a été beaucoup moins étudié que le précédent. Les auteurs justifient leur laconisme en invoquant tantôt la simplicité du rôle du conduit œsophagien, tantôt la difficulté d'examiner cet organe dans toute sa longueur.

Ce n'est pas à dire que l'on sache rien sur la physiologie de l'œsophage. Longet, Cl. Bernard, Traube, Chauveau, se sont attachés à faire connaître les nerfs sensitifs et moteurs de l'œsophage sur plusieurs Mammifères et plusieurs Oiseaux. Wild, Chauveau, Mosso, ont décrit le péristaltisme des mouvements œsophagiens. Mais, comme agent de la déglutition, nous pouvons affirmer que l'étude de l'œsophage a été simplement ébauchée par Hallé, Magendie, et plus récemment par Schiff (1).

Des recherches ayant pour but d'étendre nos connaissances sur le mécanisme de la déglutition œsophagienne étaient donc nécessaires. Nous les avons poursuivies en mettant à profit la méthode graphique, qui devait précisément parer à la difficulté, qu'ont signalée plusieurs physiologistes, d'examiner l'œsophage dans toute sa longueur. Une ampoule promenée dans ce conduit nous dispense de le découvrir et de produire dans l'économie des désordres considérables.

Le muscle œsophagien n'ayant pas encore été étudié avec les procédés que nous nous proposions de mettre en usage, nous avons dû commencer par enregistrer la secousse et la contraction artificielles ou physiologiques de cet organe. L'étude de l'œsophage comme muscle n'appartient pas entièrement au sujet que nous traitons ici ; aussi nous contenterons-nous d'en résumer les points qui serviront à éclairer plus tard le

(1) *Leçons sur la physiologie de la digestion*, t. I, p. 349 et seq.
ARTICLE N° 1.

mécanisme de la déglutition. Nous agirons de même pour quelques recherches anatomiques que nous avons entreprises sur la couche musculaire de l'origine de l'œsophage.

Ces questions préliminaires doivent être connues du lecteur. Quand nous les aurons exposées, nous examinerons le rôle de l'œsophage dans les déglutitions isolées et dans les déglutitions associées.

§ 1er. — Disposition anatomique et contraction de l'œsophage.

Les recherches anatomiques ont été poursuivies sur les Solipèdes, le Chien et l'Homme; les recherches physiologiques, sur les animaux seulement.

I. *Disposition anatomique.* — Le plus grand nombre de nos expériences ayant été faites sur les Solipèdes, nous parlerons d'abord de ces animaux.

1° *Solipèdes.* — On emploie souvent le mot *infundibulum* lorsqu'on parle de l'origine du conduit œsophagien. Cependant cette épithète ne donne pas une idée exacte de la disposition intérieure de cette région. Si l'on introduit le doigt au fond du pharynx, et si l'on tente de pénétrer dans l'œsophage, on rencontre au-dessus du bec d'aiguière des aryténoïdes un obstacle difficile à vaincre. Ce dernier consiste en un cordon, étendu d'une articulation crico-thyroïdienne à l'autre, qui embrasse étroitement la face postéro-supérieure du larynx. Quand le doigt est parvenu à s'insinuer au-dessous de ce cordon, il se sent à l'aise dans une cavité qui, toutefois, ne tarde pas à se rétrécir insensiblement pour se confondre avec le conduit œsophagien.

Si l'on ouvre un pharynx durci par l'action de l'acide azotique étendu, on constate qu'au niveau où le doigt rencontrait un obstacle, existent les piliers postérieurs du voile du palais dont la saillie va en augmentant de haut en bas. Après avoir longé les replis ary-épiglottiques, ces piliers contournent les aryténoïdes et se confondent sur la ligne médiane au-dessus de ces cartilages. En avant des piliers, on voit une cavité urcéoliforme qui est continuée par celle de l'œsophage.

Envisagé à l'intérieur, le pharynx semble avoir pour limite

inférieure les piliers du voile du palais. L'examen de la surface extérieure de l'organe mène aussi à cette conclusion. La base du triangle que figure l'aponévrose pharyngée indique la séparation du pharynx et de l'œsophage. En conséquence, chez les Solipèdes, l'œsophage commence par une petite cavité urcéoliforme dont l'entrée, hormis le temps d'une déglutition, est fortement déprimée d'arrière en avant.

Les muscles de cette région offrent des dispositions intéressantes sur lesquelles on ne s'est pas assez appesanti.

Nous n'avons rien à dire d'important sur les *constricteurs supérieur* et *moyen du pharynx*. Le faisceau supérieur (*thyro-pharyngien*) du *constricteur inférieur* possède deux séries de fibres : les fibres antérieures se dirigent en dedans et en haut et vont s'attacher sur le bord du triangle fibreux qui occupe une partie de la face postérieure du pharynx ; les fibres postérieures se dirigent en bas et en arrière et se fixent sur le cordon fibreux qui sépare le pharynx de l'œsophage. Grâce à cette disposition, le thyro-pharyngien est un constricteur pur et simple du pharynx par ses fibres antérieures, et un constricteur et un releveur de l'entrée de l'œsophage par ses fibres postérieures (fig. 20, 5).

Le second faisceau (*crico-pharyngien*, 5′) du *constricteur inférieur* est encore plus remarquable. Il se compose de deux portions en partie superposées. La portion superficielle, la plus forte, est formée de fibres dirigées de bas en haut et d'arrière en avant, qui viennent s'attacher sur le cordon fibreux déjà décrit, en face des fibres postérieures du thyro-pharyngien. La portion profonde se dirige transversalement vers le bord du renflement initial de l'œsophage, où elle se divise en deux bandelettes qui passent, l'une au-dessus, l'autre au-dessous de ce renflement en marchant à la rencontre de celles du faisceau opposé. Cette portion est disposée autour de l'origine de l'œsophage à peu près comme le muscle de Wilson autour de la portion pelvienne de l'urèthre. Par ses fibres superficielles, le *crico-pharyngien* complète l'action du faisceau profond du thyro-pharyngien ; par sa portion profonde, il comprime la dilatation urcéoliforme de l'œsophage. Nous proposons d'appeler cette dernière (fig. 20, 6) *crico-œsophagien transversal*.

La couche musculaire de l'origine de l'œsophage est renforcée par trois paires de faisceaux longitudinaux. Ainsi : 1° deux faisceaux supérieurs partent de la base de l'aponévrose pharyn-

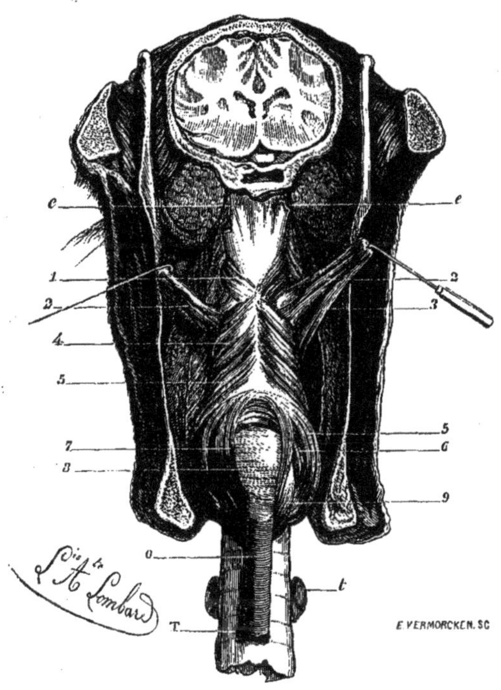

Fig. 20. — Face postérieure du pharynx et de l'origine de l'œsophage du Cheval : T, trachée; *t*, corps thyroïde; *o*, œsophage; *e, e*, trompes d'Eustache coupées près de leur terminaison sur le pharynx; 1, muscle ptérygo-pharyngien ou constricteur supérieur; 2, 2′, muscles stylo-pharyngiens; 3, grande branche de l'hyoïde; 4, hyo-pharyngien ou constricteur moyen; 5, thyro-pharyngien ou faisceau thyroïdien du constricteur inférieur; 5′, crico-pharyngien ou faisceau cricoïdien du constricteur inférieur; 6, crico-œsophagien; 7, muscle œsophagien longitudinal supérieur; 8, origine de l'œsophage; 9, muscle crico-aryténoïdien postérieur.

gée, s'accolent l'un à l'autre sur une longueur de 1 à 2 centimètres, s'éloignent ensuite en décrivant une courbe à convexité externe, et se perdent enfin sur l'œsophage où leurs fibres sont rectilignes ou spiroïdes (fig. 20, 7); 2° deux autres faisceaux latéraux, plus petits, procèdent des angles postérieurs du thyroïde et s'épuisent sur la face antérieure de l'œsophage;

56 **S. ARLOING.**

3° enfin les deux *aryténo-pharyngiens* (mieux nommés *aryténo-œsophagiens*), qui partent du bord inférieur des aryténoïdes et s'étalent en éventail sur la face antérieure de l'œsophage.

Tels sont les muscles qui font partie de l'extrémité inférieure du pharynx et de l'origine de l'œsophage (fig. 20). Nous verrons bientôt leur rôle dans la déglutition.

2° *Chien*. — Sur le Chien, les piliers postérieurs du voile ne contournent pas les cartilages aryténoïdes; l'anneau qu'ils forment est interrompu, de chaque côté, dans sa partie moyenne; ils sont représentés en arrière, au-dessus de l'entrée de l'œsophage par un cordon muqueux et glandulaire. L'entrée de l'œsophage est, par suite, moins nettement délimitée que dans les Solipèdes; mais l'appareil musculaire de cette région rappelle celui du Cheval.

3° *Homme*. — Chez l'Homme, les limites intérieures du pharynx et de l'œsophage ont disparu, car les piliers postérieurs du voile du palais sont déjà affaissés lorsqu'ils arrivent en face des replis ary-épiglottiques. De simples rides de la muqueuse indiquent tout au plus l'entrée du canal œsophagien. A l'extérieur on saisit mieux l'origine de cet organe. En effet, les muscles affectent une disposition analogue à celle que nous avons décrite dans le Chien et le Cheval. Le faisceau profond du *constricteur inférieur* (*crico-œsophagien* ou *œsophagien* de Winslow et Santorini), notamment, ressemble à celui des Solipèdes. Le bord supérieur de ce faisceau indique les limites inférieures du pharynx, car, à notre avis, ce faisceau doit être rattaché à l'œsophage. Cruveilhier (1) se plaît à faire remarquer que les constricteurs du pharynx sont imbriqués de haut en bas et de dehors en dedans pour faciliter la progression du bol alimentaire et éviter l'engouement des voies digestives. Or, ce faisceau du crico-pharyngien se comporte autrement, il est engagé sous le faisceau qui le précède. Ne faut-il pas voir dans cette disposition un argument qui vient s'ajouter à ceux que nous avons déjà produits dans le but de démontrer que cet

(1) *Splanchnologie*, p. 105.

ARTICLE N° 1.

organe appartient plutôt au système musculaire de l'œsophage qu'à celui du pharynx?

En attendant le moment où nous appliquerons les connaissances anatomiques qui précèdent au mécanisme de la déglutition œsophagienne, nous ferons remarquer que la disposition des muscles de l'origine de l'œsophage est semblable, au fond, chez l'Homme, les Carnassiers et les Solipèdes. Nous ferons encore ressortir que l'étude à laquelle nous nous sommes livré confirme les observations faites par Cuvier depuis longtemps sur le développement des piliers postérieurs du voile du palais. Le développement de ces organes paraît lié effectivement à l'attitude quadrupédale et à la direction horizontale ou oblique de bas en haut des premières voies digestives.

II. *Contraction de l'œsophage*. — Nous avons enregistré les secousses et le tétanos artificiels de l'œsophage; mais il est plus important pour nous de connaître la forme de la contraction physiologique ou spontanée, afin de pouvoir apprécier les courbes que fournit une ampoule engagée dans l'œsophage, lorsque l'animal déglutit des aliments solides ou des boissons. Nous avons étudié cette contraction dans sa forme, dans sa durée, dans son mode de translation.

A. *Forme et durée de la contraction*. — Pour prendre un tracé de la contraction spontanée de l'œsophage, on ouvre cet organe et l'on y introduit, du côté de la tête ou du côté de l'estomac, une sonde analogue à la sonde cardiographique. On met la sonde en communication avec un tambour à levier indicateur. Puis on provoque des déglutitions en excitant le fond de la bouche, après avoir provoqué la sécrétion d'une très-petite quantité de salive.

1° On voit sur la figure ci-jointe quelques exemples de contractions spontanées de la *partie rouge* de l'œsophage. Toutes les courbes se font remarquer par la durée de la période de resserrement et par la brièveté relative de la période de relâchement. Le tableau suivant peut donner une idée de la durée de ces deux périodes. Elle est représentée en millimètres comptés sur la ligne des abscisses.

Resserrement.	Relâchement.	Contraction totale.
0^m,017	0^m,013	0^m,030
0^m,018	0^m,012	0^m,030
0^m,019	0^m,017	0^m,036

Comme le cylindre sur lequel s'inscrivaient les courbes dont nous indiquons la durée tournait avec une vitesse de 0^m,042 par seconde, cette durée était de $\frac{16}{21}$ de seconde pour la contraction totale, de $\frac{9}{21}$ de seconde pour la période de resserrement, et de $\frac{7}{21}$ pour celle de relâchement.

La contraction spontanée de l'œsophage a donc pour caractère principal d'être relativement lente à atteindre son maximum. Il faut dire aussi que le resserrement du conduit s'opère en deux temps : dans le premier il est brusque, dans le second il s'achève avec lenteur. Le resserrement augmente toujours jusqu'à l'instant où il est remplacé par un relâchement de la tunique charnue. Par conséquent, les courbes seront brusquement ascendantes à leur origine, surbaissées, mais jamais horizontales, vers leur sommet (voy. fig. 21).

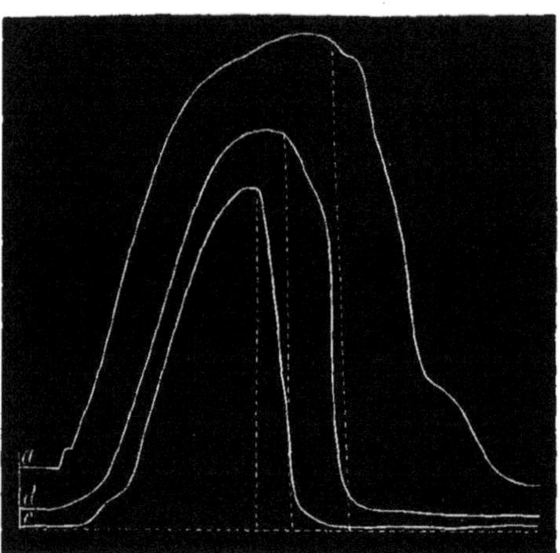

Fig. 21. — *a*, *d*, *e*, trois exemples de tracés de la partie rouge de l'œsophage du Cheval. (Enregistreur universel, axe moyen.)

2° Les tracés des contractions de la *partie blanche* diffèrent des premiers par plus de longueur et moins d'amplitude. En plaçant plusieurs fois la même ampoule, tantôt vers le tiers supérieur du cou, tantôt au delà du cœur, sur un animal donné, on obtiendra une série de tracés qui donneront une idée suffisante des caractères de la contraction dans les deux régions principales de l'œsophage. On peut en juger par les tracés de la

figure 22. L'amplitude de la contraction de la partie blanche (*c*)
égale tout au plus les $\frac{4}{5}$ de l'amplitude des courbes de la partie
rouge (*r*). Quant à la durée de la contraction de la partie blanche,
elle est environ quatre fois plus grande que celle de la partie
rouge. Elle va, du reste,
légèrement en augmen-
tant au fur et à mesure
que l'on se rapproche
du cardia. Au voisinage
du diaphragme elle est
en moyenne de trois se-
condes.

B. *Translation de la
contraction.* — La con-
traction spontanée de
l'œsophage est péristal-
tique.

1° Wild, Chauveau,
Mosso, ont constaté sur
des animaux dont la
partie rouge de l'œso-
phage était mise à nue,

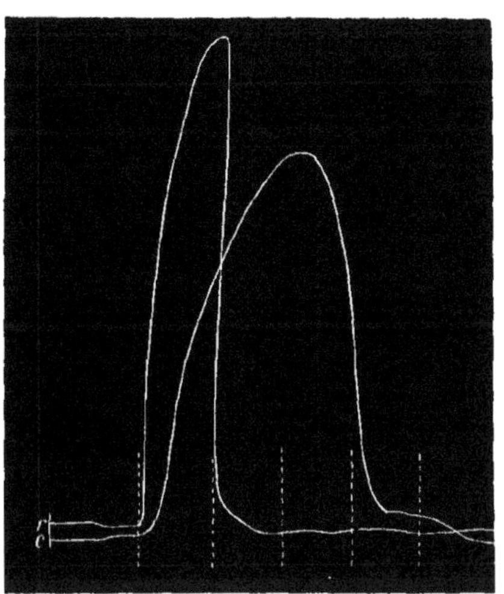

Fig. 22. — Montrant les différences d'amplitude et de
durée des contractions de la partie rouge *r* et de la partie
blanche *c* de l'œsophage. (Enregistreur universel, axe
lent.)

que l'onde contractée cheminait le long de cet organe, bien que
le bol qui l'avait provoquée fût sorti par une plaie faite en arrière
du pharynx (1). Chauveau a vu, en outre, que la contraction
œsophagienne était solidaire de la contraction pharyngienne.
« Si, dit-il, après avoir mis à nu et incisé longitudinalement
l'œsophage, on y pousse artificiellement un bol alimentaire
quelconque, ce bol reste immobile dans l'œsophage inerte, et
n'est entraîné qu'autant qu'une déglutition pharyngienne spontanée ou provoquée vient à s'accomplir régulièrement (2). »

---

(1) Wild, *Ueber die peristaltische Bewegung des Œsophagus*, etc., in *Zeitschrift f. rat. Med. h. von Henle und Pfeufer*, 1846. — Mosso, *Ricerche sperimentali sui movimenti dell' esofago*, in *Giornale della R. Accad. di medicina
di Torino.*

(2) Chauveau, *Journal de médecine vétérinaire de Lyon*, 1864, p. 238.

Nous avons vérifié l'exactitude de ces faits à l'aide de la méthode graphique et sans découvrir l'œsophage sur toute sa longueur.

Cette méthode nous a permis de compléter nos connaissances sur la translation de la contraction dans la partie blanche. Nous avons observé que l'onde péristaltique ne tarde pas à s'éteindre au delà du cœur, si un bol ne descend pas dans cette partie de l'œsophage. Tout près du cardia, la contraction est toujours provoquée par le contact d'un bol alimentaire avec la muqueuse.

2° Il est intéressant et utile (nous le verrons plus tard) de déterminer la vitesse de propagation de l'onde péristaltique dans la partie rouge et dans la partie blanche de l'œsophage.

Ce calcul n'a jamais été fait. Magendie avait remarqué que le bol mettait quelquefois deux ou trois minutes avant d'arriver à l'estomac, après avoir fait une ou plusieurs stations plus ou moins longues. Mais ce fait, observé depuis par tous les physiologistes, ne peut renseigner exactement sur la marche de la contraction œsophagienne. La translation de l'onde péristaltique est tout autre que la marche du bol; car il peut arriver que le bol ne soit entraîné jusqu'à l'estomac qu'après une série de contractions péristaltiques.

Le moyen que nous avons employé pour calculer la vitesse de l'onde péristaltique est très-simple. Voici sur quelle base il repose :

Supposons deux ampoules dépressibles placées à une distance rigoureusement déterminée. Supposons que l'une et l'autre soient reliées par un tube de caoutchouc de même longueur à un tambour à levier qui inscrit les changements de pression qu'elles subissent sur un cylindre enfumé tournant avec une vitesse connue. Si l'on presse au même instant sur les deux ampoules, les deux leviers écriront simultanément une ligne ascendante. Si, au contraire, on presse successivement sur les deux ampoules, les leviers inscriront l'un après l'autre une ligne ascendante, et la distance qui séparera le début de leurs ascensions, prise sur la ligne des abscisses, représentera le temps qui se sera écoulé entre la dépression d'une ampoule et celle de l'autre. A l'aide d'un calcul facile on pourra évaluer ce temps. Et si la cause qui agit sur les deux ampoules est unique, on connaîtra ainsi le temps qu'elle aura mis à se transporter d'une ampoule à l'autre.

Ce qui revient à déterminer le quatrième terme de la proportion suivante :

$$\frac{v}{d} = \frac{x}{\delta},$$

dans laquelle v représente la vitesse du cylindre enregistreur dans l'unité de temps;

d, la distance qui sépare le pied des courbes ascendantes tracées sur le cylindre par les deux leviers;

δ, la distance qui sépare les deux ampoules;

x, la vitesse de translation de la force qui a déprimé successivement ces deux dernières. D'où l'on tire :

$$x = \frac{v\delta}{d}.$$

Pour appliquer ce principe au cas présent, nous avons introduit dans l'œsophage, par une plaie pratiquée vers le tiers inférieur du cou, une sonde à double courant munie de deux ampoules distantes de $0^m,142$. Celles-ci étaient reliées à deux tambours à levier par des tubes de caoutchouc absolument égaux. Le cylindre enregistreur tournait avec une vitesse uniforme de $0^m,007$ ou de $0^m,042$ par seconde.

Les sondes étant engagées dans la portion cervicale de l'œsophage, nous avons obtenu des graphiques sur lesquels la distance qui séparait le pied des courbes ascensionnelles a été de $0^m,055$, $0^m,027$ et $0^m,023$.

Si l'on remplace les lettres par leur valeur dans la formule $x = \frac{v\delta}{d}$, on obtient :

dans le premier cas, $x = \dfrac{42 \times 142}{55} = 108,47$

dans le second cas, $x = \dfrac{42 \times 142}{27} = 221,11$

dans le troisième cas, $x = \dfrac{42 \times 142}{23} = 259,59$

c'est-à-dire, pour la vitesse moyenne de propagation de l'onde péristaltique dans la partie rouge de l'œsophage, $0^m,200$ par seconde.

Si l'on enfonce les sondes au delà du cœur, on s'aperçoit que la vitesse n'est pas la même dans tous les points du conduit. Cette variabilité de la vitesse est due au mélange dans des proportions inconnues de fibres striées et de fibres musculaires lisses entre le cœur et le diaphragme. Aussi est-il difficile de donner un chiffre indiquant la vitesse moyenne de l'onde péristaltique dans la partie blanche de l'œsophage. Néanmoins, en nous basant sur un bon nombre d'observations, nous avons trouvé que $0^m,050$ donnaient une idée suffisamment exacte de la vitesse de l'onde par seconde.

D'après ces chiffres, si l'on admet que la longueur totale de l'œsophage du cheval est de $1^m,20$ à $1^m,30$ en moyenne, se répartissant ainsi : $0^m,20$ à $0^m,25$ pour la partie blanche, 1 mètre à $1^m,05$ pour la partie rouge, on voit que la contraction qui part du pharynx arrivera au cardia au bout de dix secondes.

Ces résultats ont été obtenus sur le Cheval. Pour les appliquer à d'autres animaux, il faudra tenir compte de la nature de la tunique charnue de l'œsophage, qui peut être rouge jusqu'à sa terminaison, et de la longueur du conduit. Mais ces réserves étant faites, on peut les appliquer à nos principaux Mammifères terrestres.

§ 2. — Déglutitions œsophagiennes isolées.

Les auteurs sont extrêmement brefs sur leur compte. Ils se bornent à montrer l'œsophage saisissant les bols poussés dans sa partie initiale et les portant jusqu'à l'estomac par les contractions péristaltiques de sa couche charnue. Ils signalent encore l'influence favorable de la laxité de la muqueuse œsophagienne, de la salive, du mucus et de la respiration sur la marche du bol. Mais ils restent muets sur le mécanisme de l'introduction du bol dans l'origine du conduit et sur le phénomène qui devient comme le signal de la contraction péristaltique. Nous avons d'abord envisagé la question à ce point de vue.

1° Nous savons que l'entrée de l'œsophage, limitée par les piliers postérieurs du voile du palais ou les parties qui en occupent la place, et le plan postérieur des aryténoïdes, se dilate au premier temps de la déglutition et que le bol s'y engage sous l'influence de l'aspiration qui résulte de cette dilatation et de la compression qu'il éprouve de la part des parois pharyngiennes. Une fois introduit dans l'origine de l'œsophage, nous constatons sur nos tracés (voy. fig. 5) qu'il y est vivement pressé. Comment se fait-il que, sous l'influence de cette compression, il prenne plutôt le chemin de l'œsophage que celui du pharynx? Avec les notions anatomiques que nous avons exposées, on explique aisément la marche du bol alimentaire.

Par suite du raccourcissement du pharynx et du mouvement du larynx, le bol s'est engagé au-dessous des piliers postérieurs du voile du palais ou, en leur absence, au-dessous du faisceau superficiel du muscle crico-pharyngien. Quand le pharynx se relâche, le crico-pharyngien entre en contraction et tend, grâce à la direction de ses fibres, à appliquer le contour postérieur de l'entrée de l'œsophage contre la face correspondante du larynx. Ce premier mouvement ferme le fond du pharynx et rend le retour du bol dans cet organe absolument impossible. En outre, comme le crico-pharyngien tire sur la paroi postérieure du pharynx, il l'entraîne de haut en bas, en rasant la face externe des aryténoïdes, et en poussant le bol dans une région plus profonde de l'œsophage. Tel serait, d'après nous, le mécanisme de l'emprisonnement du bol dans la partie supérieure du conduit œsophagien.

2° L'action du *crico-pharyngien* devient le signal de la contraction des *crico-* et *aryténo-œsophagiens longitudinaux* et *crico-œsophagiens transversaux*. Ceux-là attirent l'œsophage au-devant du bol, tandis que ceux-ci resserrent le canal, comme le muscle de Wilson resserre l'urèthre, et poussent le bol de haut en bas. L'action des muscles que nous venons d'indiquer entraîne, à son tour, celle des plans charnus du reste de l'œsophage, et le bol est ainsi promené de la bouche à l'estomac.

3° En étudiant de très-près la contraction de l'œsophage dans les déglutitions isolées, nous avons remarqué que son intensité variait dans certaines conditions. Ainsi, lorsque le bol est volumineux, peu ou mal insalivé, la contraction est à son maximum d'intensité. Les graphiques qu'elle fournit s'allongent beaucoup, et parfois même ils sont modifiés par l'action des muscles de l'encolure qui fléchissent et étendent brusquement la tête pour lui venir en aide. Dans les mêmes conditions, le bol s'arrête facilement dans un point du parcours, et l'on voit les contractions se succéder avec tant de rapidité pour vaincre l'obstacle, qu'elles se surajoutent et finissent par donner un graphique très-compliqué et de longue durée.

La contraction de l'œsophage présente aussi une grande énergie dans le cas opposé. Lorsque le bol est très-petit, l'œsophage est en quelque sorte obligé d'arriver à son maximum de resserrement pour atteindre le bol et agir efficacement sur lui. On peut s'assurer par l'observation de soi-même que dans ces conditions, le pharynx éprouve beaucoup de peine à saisir et à pousser le bol. L'œsophage éprouve les mêmes difficultés.

Nous tirerons de ces faits une conséquence pratique. Lorsqu'il y aura intérêt à ménager la sensibilité de l'œsophage, il faudra faire ingérer des bols mi-fluides et d'un volume moyen plutôt que des bols très-petits.

§ 3. — Déglutitions œsophagiennes associées.

Jusqu'à ce jour, on a admis que l'œsophage agit de la même manière dans la déglutition des boissons et des solides.

Dans les déglutitions isolées, la contraction ondulatoire marcherait avec lenteur; dans les déglutitions associées, elle marcherait avec une grande rapidité, « comme on peut s'en convaincre, dit Müller, chez un Cheval qui boit ».

Nous avouerons que le changement brusque et considérable de la vitesse de la contraction péristaltique qui résulte de cette croyance a fait naître dans notre esprit des soupçons sur l'identité du rôle de l'œsophage. Nous avons comparé les courbes fournies par les déglutitions isolées et par les déglutitions associées, et nous espérons prouver irréfutablement qu'elles diffèrent foncièrement les unes des autres.

1° Si l'on fait boire un Cheval après avoir introduit des ampoules dans la *portion cervicale* de son œsophage, on obtient des courbes qui diffèrent beaucoup de celles de la contraction spontanée péristaltique. On en voit des exemples sur la figure 23 : A et A′ répondent à deux ampoules distantes de 0,142, dont les changements de pression s'inscrivent sur un cylindre qui tourne avec une vitesse de 0^m,042 par seconde, pendant que l'animal ingère 115 gorgées de boisson par minute. En comparant ces tracés à ceux des déglutitions isolées, on aperçoit immédiatement une différence considérable dans la forme et l'amplitude de leurs oscillations. D'où l'on peut conclure que si l'œsophage est actif pendant les déglutitions associées, son activité est évidemment particulière et toute autre que pendant les déglutitions isolées.

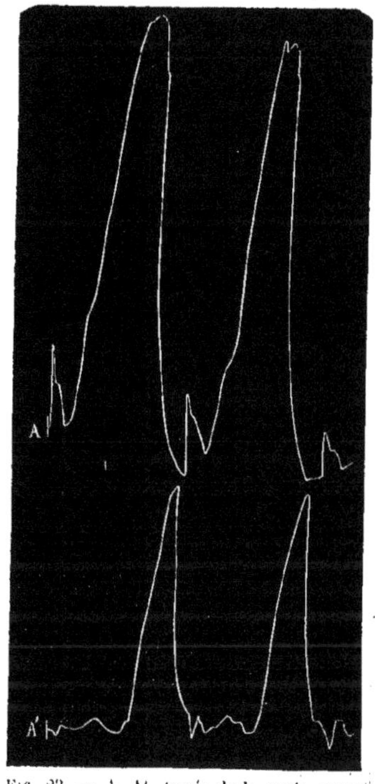

Fig. 23. — A, A′, tracés de la partie rouge de l'œsophage pris à 0,142 de distance l'un de l'autre pendant les déglutitions associées.

Nous allons plus loin, nous affirmons que l'œsophage remplit purement et simplement le rôle d'un tube élastique durant la déglutition des boissons à gorgées rapprochées et associées.

Cette assertion étonnera peut-être le lecteur; aussi allons-nous l'appuyer de plusieurs ordres de preuves.

a. Chauveau et Wild ont démontré que l'un des principaux

caractères de la contraction œsophagienne est le *péristaltisme*. La contraction, une fois établie à l'origine de l'œsophage, chemine tout le long de l'organe, malgré la sortie du bol qui l'avait produite. Ce caractère va nous servir de critérium pour déterminer la signification des courbes des tracés A et A′ (fig. 23). Si ces courbes sont produites par des contractions, elles pourront être recueillies sur tous les points de la *partie rouge* de l'œsophage, même au niveau de ceux qui ne seront pas traversés par des boissons. Pour en juger, nous avons établi l'expérience suivante : On découvre l'œsophage d'un Cheval vers le milieu du cou ; on incise la tunique charnue ; on lie la membrane muqueuse, et l'on pratique une fistule au-dessus et au-dessous de la ligature. Par ces fistules, on introduit une ampoule exploratrice vers la tête, c'est-à-dire dans la partie de l'œsophage qui sera parcourue par les boissons, une autre vers l'entrée de la poitrine, en dehors de l'action de celles-ci.

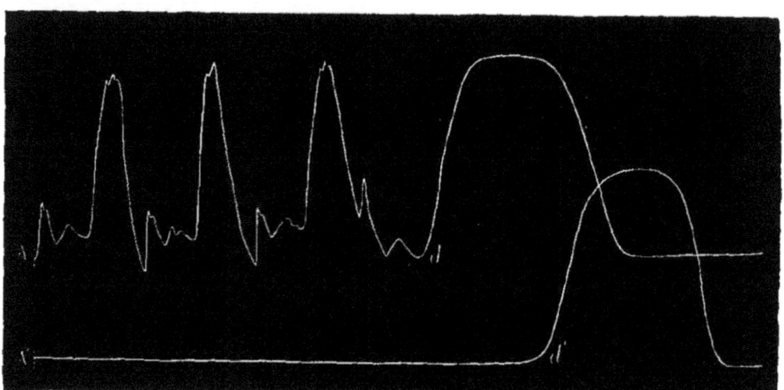

Fig. 24. — A, tracé d'une ampoule placée sur le trajet du liquide ; A′, tracé d'une ampoule placée en dehors de l'action du liquide.

La première ampoule donne le tracé A ; la seconde, le tracé A′, fig. 24. En A, on voit les trois dernières déglutitions que fait l'animal avant qu'on lui retire les boissons.

On constate sur ces tracés que la première ampoule seule est modifiée pendant la déglutition des boissons, tandis qu'elles le sont toutes deux successivement (*d*, *d′*), quand le sujet, ayant cessé de boire, fait une déglutition isolée pour se débarrasser des gouttes de liquide qui humectent sa bouche. Les courbes *d* et *d'* accusent une véritable contraction qui s'est transmise au delà de la ligature de la muqueuse. Les trois premières, au contraire, de A à *d*, n'étant pas répétées sur le tracé A', ne sont donc pas causées par de véritables contractions.

b. Cette conclusion est encore étayée par des considérations tirées de la vitesse de l'onde péristaltique.

Nous avons vu plus haut qu'un bol solide ou liquide qui serait conduit à l'estomac par la contraction de l'œsophage mettrait dix secondes pour arriver à son but, chez le Cheval. Cette lenteur est incompatible avec la rapidité des déglutitions associées, rapidité dont on se rend compte en jetant les yeux sur la gouttière jugulaire gauche du Cheval qui prend des boissons avec avidité. Il ne faut pas oublier qu'un animal de cette espèce peut déglutir de 90 à 115 gorgées de boisson par minute; que chaque gorgée, pesant environ 200 grammes, forme, dans l'œsophage distendu, une colonne de $0^m,15$ de longueur; de sorte que cet organe serait rempli d'un bout à l'autre avec moins de dix gorgées et en moins de cinq secondes.

De plus, si chacune des gorgées était accompagnée par une contraction péristaltique, en cinq secondes l'œsophage serait contracté dans toute sa longueur, et l'animal serait obligé de suspendre à tout instant la préhension des boissons pour attendre la désobstruction et le relâchement de ce conduit. Or, habituellement, on n'observe pas d'obstruction de l'œsophage ni de suspension de la fonction (1). Par conséquent, il est impossible que cet organe agisse dans les déglutitions associées de la même manière que dans les déglutitions isolées. Tout fait présager que l'œsophage reste inerte.

c. Mais on pourrait objecter que la contraction de l'œso-

(1) Pourtant l'encombrement de l'œsophage survient quelquefois lorsque nous buvons avec trop de rapidité. Tout le monde a ressenti, dans la région parotido-pharyngienne et tout le long de l'œsophage, la douleur qu'il détermine. Ce petit accident tient à ce que le liquide ne peut plus s'engager dans l'œsophage obstrué; celui-ci presse alors sur le voile du palais et exerce une traction douloureuse sur l'insertion céphalique du pharynx, sur les trompes d'Eustache et les parois œsophagiennes.

phage ne fait que changer de caractères pendant les déglutitions associées. Serait-il impossible d'admettre, par exemple, qu'elle s'arrêtât brusquement là où le liquide cesserait de circuler, et en outre qu'elle pût prendre à ce moment une vitesse beaucoup plus grande. Nous avons entrepris des expériences dont les résultats renversent cette objection. Voici sur quel principe elles sont basées : Toute partie musculaire qui se contracte présente un gonflement proportionnel à l'intensité de sa contraction. Partant de ce fait, si l'on saisit la tunique charnue de l'œsophage entre les mors d'une fine pince myographique, le tambour de cette pince sera déprimé toutes les fois que l'œsophage se contractera. Et si l'on explore en même temps l'intérieur du conduit à l'aide d'une ampoule élastique, on aura un moyen sûr d'apprécier la nature des courbes que fournira cette dernière.

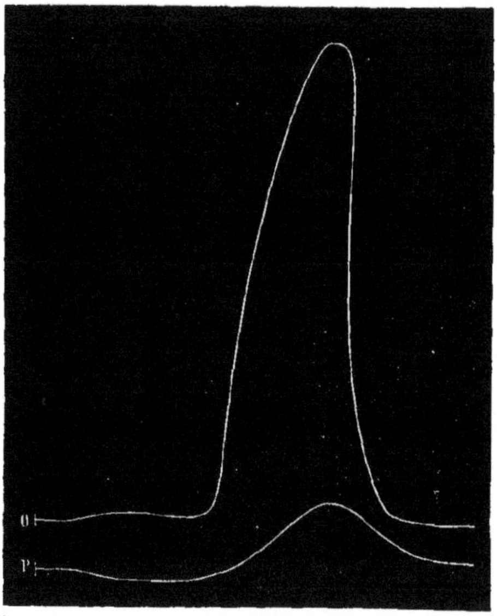

Pour juger la question pendante, il fallait donc appliquer ce procédé expérimental dans les deux sortes de déglutitions.

Commençons par les déglutitions isolées. Si l'on provoque une déglutition de salive, après avoir engagé une ampoule à l'intérieur de l'œsophage et saisi la tunique charnue dans une pince myographique, à la hauteur de l'ampoule, on obtient les tracés reproduits dans la figure 25.

Fig. 25. — Montrant les rapports qui existent entre la contraction de l'œsophage et le gonflement de sa tunique charnue. — O, tracé d'une ampoule engagée dans la partie rouge ; P, pince myographique saisissant la tunique charnue en face de l'ampoule.

Le tracé O répond à l'ampoule; P, à la pince. On constate

qu'au moment où le bol parvient au niveau de l'ampoule, le tracé de celle-ci s'élève légèrement, parce qu'elle est comprimée par le bol qui s'insinue entre sa surface et les parois de l'œsophage, tandis que le tracé de la pince s'abaisse parce que l'œsophage se dilate légèrement sous l'influence de la même cause. On s'aperçoit ensuite que les deux courbes s'élèvent simultanément, la première sous l'influence du resserrement de l'œsophage, la seconde sous l'influence du gonflement de la tunique charnue. Les particularités de la courbe P sont bien plus sensibles lorsqu'on les recueille sur un cylindre qui tourne moins rapidement, et lorsqu'on fait déglutir des bols plus volumineux et plus consistants.

Dans l'expérience qui a donné les tracés de la figure 26, l'animal avalait de l'avoine. A répond à une ampoule introduite dans la partie supérieure du pharynx et dont le rôle est d'indiquer simplement les déglutitions ; P, à une pince myographique qui saisit la tunique charnue de l'œsophage

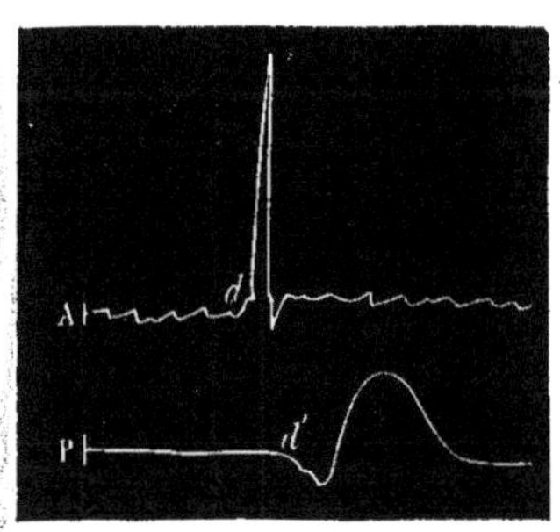

Fig. 26. — A, ampoule pharyngienne ; P, pince myographique saisissant la tunique charnue de l'œsophage.

vers le milieu du cou. Quand l'animal fait une déglutition d, on voit le tracé de la pince s'abaisser notablement (d'), puis s'élever et présenter tous les caractères qui décèlent une contraction. Il n'est donc pas douteux que pendant les déglutitions isolées, l'œsophage, qui se laisse distendre par l'arrivée du bol, se contracte réellement sur lui pour le pousser plus loin.

Que se passe-t-il dans les déglutitions associées ?

Si l'on recueille le tracé d'une ampoule placée dans l'œsophage et celui d'une pince myographique saisissant la tunique charnue à la même hauteur sur un Cheval qui boit avec avidité, on obtient des courbes comme celles que nous mettons sous les yeux du lecteur dans la figure 27.

Tant que l'animal boit avec rapidité, l'ampoule engagée dans l'œsophage fournit le tracé O (1), sur lequel le passage de chaque gorgée est indiqué par une ascension brusque (*d*) suivie d'une courbe légèrement surbaissée. En même temps le tracé de la pince P s'abaisse, et ses *maxima* restent constamment au-dessous de zéro. Ce caractère démontre que, durant le passage des boissons, l'œsophage prend un diamètre plus grand qu'à l'état de repos. Toutefois le tracé P présente au-dessous du zéro

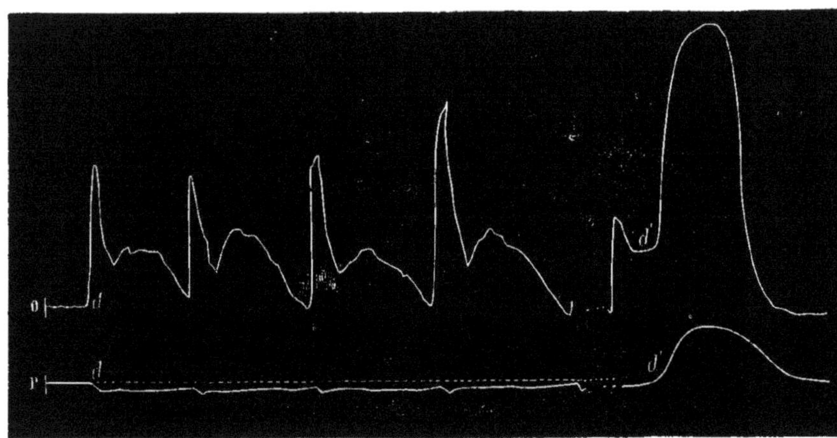

Fig. 27. — Représentant les modifications de la tunique charnue de l'œsophage pendant les déglutitions associées et isolées. — O, tracé d'une ampoule située sur le trajet du liquide (partie rouge) ; P, tracé d'une pince myographique saisissant la tunique charnue en face de l'ampoule précédente (Cheval).

une série d'ascensions et de descentes. Si on les examine attentivement, on constate que les descentes sont brusques et coïncident avec l'entrée d'une gorgée de boissons dans l'œsophage, et que les ascensions sont lentes et s'accomplissent pendant que les gorgées s'écoulent dans une région plus inférieure. Ces accidents traduisent donc tout simplement les modifications physiques que le passage des ondées imprime aux parois de l'œsophage. Ils sont d'ailleurs bien loin de ressembler à ceux qui résultent d'une contraction. On peut s'en convaincre en les comparant à la courbe *d'* que l'on obtient lorsque l'animal fait

(1) Dans cette expérience, l'ampoule avait peu de sensibilité dans le sens transversal.

une déglutition isolée pour se débarrasser des gouttelettes de boissons qui restent dans sa bouche quand il cesse de boire.

Les courbes O de la figure 26 et A des figures 22 et 23 ne sont donc pas déterminées par des contractions de l'œsophage. Leur production est subordonnée au passage des boissons. On peut le prouver par l'expérience suivante : On ouvre l'œsophage vers le milieu du cou ; on engage une ampoule vers la tête, une autre vers la poitrine ; on place une pince myographique en face de chaque ampoule, puis on fait boire l'animal. Si les boissons sortent par la plaie œsophagienne, l'ampoule et la pince supérieures seules seront modifiées ; si l'on rapproche avec soin les lèvres de la plaie, de manière à faire descendre les boissons jusqu'à l'estomac, l'ampoule et la pince inférieures donneront des tracés identiques à ceux de l'ampoule et de la pince supérieures.

Nous ajouterons qu'après avoir supprimé l'action de la tunique charnue sur l'ampoule par une excision incomplète de cette tunique en face de celle-ci, on obtient des tracés qui conservent néanmoins les caractères ordinaires.

Ainsi nous croyons avoir surabondamment démontré par le raisonnement et par l'expérimentation que l'œsophage se contente de remplir le rôle d'un conduit élastique pendant les déglutitions associées. Si les gorgées de liquide descendent avec tant de rapidité vers l'estomac, c'est sous l'influence du pharynx qui, par ses contractions brusques et énergiques, injecte les boissons dans l'œsophage. On peut d'ailleurs en acquérir la preuve en examinant les tracés de la pression intrapharyngienne et intra-œsophagienne. Ces tracés, en effet, se ressemblent exactement ; tous les éléments de l'un se retrouvent dans l'autre. Il est donc juste de conclure que la cause qui modifie la pression intra-œsophagienne a son point de départ dans le pharynx.

d. La direction du cou n'exerce aucune influence sur le mécanisme de la déglutition œsophagienne. Que le Cheval puise ses boissons au niveau du sol ou à la hauteur de sa tête, les tracés de l'œsophage ne changent pas. Quand l'animal boit la tête basse, on note simplement une chute du tracé œsophagien lorsqu'il relève l'encolure, parce que l'œsophage à ce moment cesse d'être allongé et reprend en diamètre ce qu'il perd en longueur. C'est donc à tort que Rullier écrivait que si le Cheval parvient à boire dans un ruisseau, il le doit à la très-robuste organisation de son œsophage (*Dict. de méd.*, 1835).

Mais si l'œsophage n'est pour rien dans cette aptitude des Quadrupèdes à boire la tête basse, il n'en est peut-être pas ainsi de la disposition des piliers postérieurs du voile du palais et des muscles qui entourent le fond du pharynx. Ces piliers et ces muscles retiennent le bol dans l'œsophage lorsqu'il y a été introduit, et l'empêchent de retomber dans le pharynx sous l'influence de la pesanteur. Nous aurions enregistré l'action de ces piliers, s'il eût été possible de maintenir une ampoule dans l'entrée de l'œsophage; mais celle-ci détermine immédiatement une déglutition qui la porte en arrière. Néanmoins le toucher, que tout le monde peut répéter aisément, a suffi pour nous convaincre que les piliers et les crico-pharyngiens et crico-œsophagiens remplissent le rôle que nous leur attribuons.

Lorsque les piliers font défaut, la déglutition des boissons de bas en haut est plus difficile. C'est ce que nous éprouvons quand nous voulons boire la tête en bas, comme certains bateleurs. Nous parvenons à vaincre les difficultés que nous rencontrons, par un léger renversement de la tête, et surtout par l'action du crico-œsophagien, qui possède encore, chez l'Homme, une force assez considérable.

e. La forme des graphiques de la partie rouge de l'œsophage offre d'assez nombreuses variétés. On en voit des exemples sur les quelques figures que nous avons produites. Les variétés dont nous parlons n'ont pas une grande importance. Elles tiennent à l'élasticité plus ou moins grande des ampoules exploratrices, à celle des tambours à levier et au degré de liberté des leviers eux-mêmes. Les physiologistes qui se servent des appareils enregistreurs savent tous l'influence que ces causes peuvent exercer sur l'amplitude et la forme des courbes. Si l'ampoule manque d'élasticité, quelques détails pourront disparaître; si elle en a beaucoup plus dans un sens que dans l'autre, certaines parties du tracé prendront une grande importance au détriment des autres.

Nous devons aussi avertir les personnes qui voudraient répéter nos expériences que les animaux eux-mêmes peuvent être la cause de quelques modifications dans les tracés. Ainsi, certains Chevaux avalent leurs boissons en deux temps bien marqués; cette division se fait sentir très-manifestement sur les tracés du pharynx et sur ceux de l'œsophage. Il en est d'autres qui, gênés par les appareils qu'ils portent et inquiétés par les personnes qui les entourent, promènent leurs regards sur tous les points du laboratoire et boivent avec lenteur et défiance. Dans ce cas, les courbes sont longues, sans amplitude et hérissées de nombreux accidents.

Lorsque les appareils sont très-sensibles et placés dans de bonnes conditions sur un sujet qui boit franchement, la courbe d'une déglutition prise dans une série assez longue de déglutitions associées présente la forme qui est reproduite ici en O (fig. 28).

Cette courbe, que nous regardons comme type, est formée par trois éléments : a, b, c, qui n'ont pas la même valeur dans le tracé. Le premier élément a est dû à la brusque introduction d'une nouvelle gorgée de boisson dans l'œsophage et à la traction que

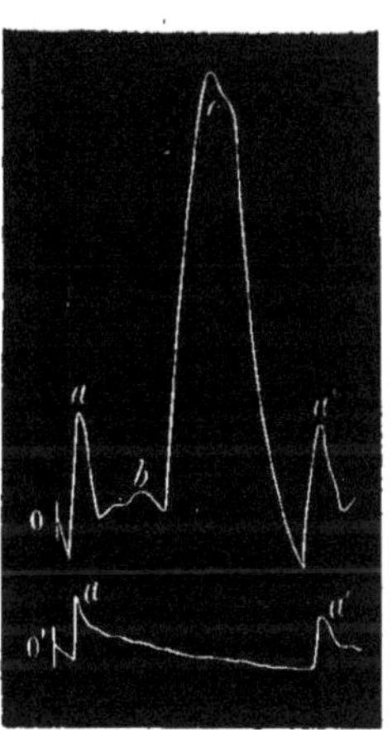

Fig. 28. — O, pression intra-œsophagienne sur le trajet des boissons; O′, ampoule pincée dans une plaie de l'œsophage.

l'ascension du larynx exerce sur ce conduit. Cet accident se répète, à l'exclusion des deux autres, sur le tracé O′, qui est fourni par une ampoule engagée entre les lèvres de la plaie faite à l'œsophage pour l'introduction de l'ampoule qui a donné la courbe O. On le recueille aussi quelquefois en engageant une ampoule dans l'œsophage, du côté de la poitrine, par conséquent en dehors de l'action du liquide. Ces deux derniers faits démontrent que l'accident *a* doit recevoir l'interprétation que nous avons donnée.

L'introduction d'une nouvelle quantité de liquide dans un tube à parois élastiques et déjà plein imprime au contenu un mouvement ondulatoire qui se traduit sur la courbe par l'élément *b*. On remarque que ce deuxième élément de la courbe augmente d'amplitude au fur et à mesure que les gorgées de boissons s'éloignent davantage les unes des autres ou que l'ampoule est rapprochée de plus en plus de la plaie par laquelle s'échappent les liquides. Or, on sait que ces conditions sont celles qui favorisent les mouvements ondulatoires dans les liquides qui circulent à l'intérieur de canaux élastiques. Si l'on augmente la tension dans l'œsophage, en s'opposant au libre écoulement des boissons, l'amplitude de la courbe *b* diminue très-notablement.

Enfin, le troisième élément *c*, le plus prononcé, est dû au passage d'un flot de boisson entre l'ampoule et les parois de l'œsophage. Son amplitude sera donc en raison directe du volume des gorgées et en raison inverse de la vitesse des déglutitions. Or, on remarque précisément que, dans une longue suite de déglutitions, l'amplitude de l'élément *c* diminue au fur et à mesure que la satiété arrive, tandis que sa durée augmente dans le même sens.

Nous sommes fixés maintenant sur la signification des trois parties du tracé d'une déglutition associée. Avec ces données, il sera toujours possible d'interpréter les variétés que l'on observera et de remonter à leurs causes. Passons au rôle de la portion intrathoracique de l'œsophage.

2° La portion intrathoracique du conduit œsophagien est rouge dans toute sa longueur, ou bien les fibres musculaires lisses viennent s'associer aux fibres striées, à partir du cœur, dans une proportion variable suivant les espèces. Quelquefois cette proportion est assez forte pour faire donner à cette portion le nom de *portion blanche de l'œsophage*. Parmi nos grands Quadrupèdes, le Bœuf offre un exemple de la première disposition, le Cheval un exemple de la seconde.

ARTICLE N° 1.

a. Quand l'œsophage est rouge jusqu'au cardia, sa deuxième portion agit comme la première, c'est-à-dire qu'elle reste inerte pendant les déglutitions associées.

b. Quand la portion thoracique présente une forte proportion de fibres musculaires lisses et que son diamètre va sans cesse en diminuant jusqu'au cardia, où il peut admettre tout au plus une plume à écrire, elle se comporte d'une manière très-remarquable.

Deux cas peuvent se présenter : ou bien les boissons s'échappent de l'œsophage par une plaie pratiquée à la base du cou, ou bien elles cheminent jusqu'à l'estomac.

Dans le premier cas, la partie blanche de l'œsophage n'accuse pas de modifications. Ce fait, du reste, ne doit pas nous surprendre, puisque, règle générale, la partie blanche ne se contracte que si les bols arrivent jusqu'à elle.

Dans le deuxième cas, cette partie de l'œsophage donne des tracés très-curieux dont nous présentons deux exemples dans la figure 29, A et A'.

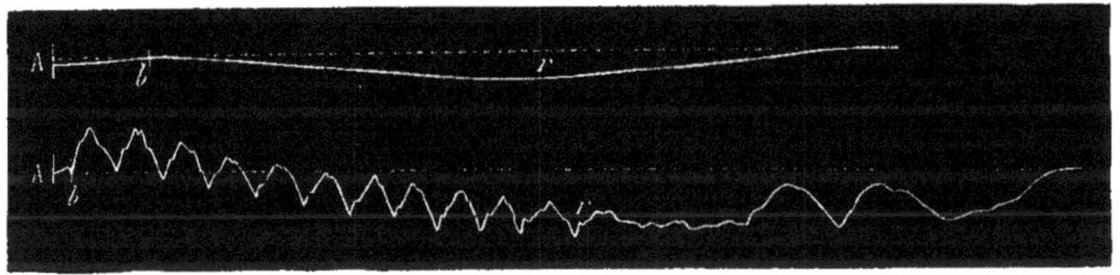

Fig. 29. — Représentant les modifications A, A' de la partie blanche de l'œsophage du Cheval pendant les déglutitions associées.

Sur ces tracés, on constate : 1° que la pression s'abaisse graduellement dans l'œsophage depuis le moment où l'animal commence à boire (*b*) jusqu'à l'instant (*r*) où l'on retire le seau qui renferme ses boissons ; 2° qu'à partir du moment où le sujet cesse de boire, la pression revient peu à peu à son état primitif; 3° que parfois le tracé s'abaisse et s'élève, comme on le voit en A, sans présenter le moindre accident, de telle sorte que l'on ne se douterait pas, en le voyant, que les liquides ont été injectés dans cette partie de l'œsophage; tandis que d'autres fois le tracé est, comme en A', hérissé de courbes en nombre égal à celui des gorgées avalées et dont la forme rappelle, avec une atténuation des caractères, celle des graphiques de la partie rouge.

Il y a, sur ces tracés, un caractère qui domine tous les autres, c'est la chute qu'ils présentent tant que l'animal avale ses boissons. Cette chute peut être plus ou moins considérable, mais elle ne manque jamais sur le Cheval. Elle s'opère régulièrement, sans soubresaut, en dehors de l'influence du thorax; aussi devons-nous en chercher la cause dans l'œsophage même. Nous croyons que la partie blanche de cet organe se dilate peu à peu dès que l'animal se met à boire, afin de livrer passage aux nombreuses gorgées de liquide que le pharynx injecte dans la portion cervicale. Cette dilatation nous paraît nécessaire chez les animaux solipèdes, car sans elle la terminaison de l'œsophage serait incapable de débiter la quantité de liquide qui est admise par la portion cervicale, et le canal tout entier ne tarderait pas à être encombré par les boissons.

Si les frottements ont épuisé en route l'impulsion que les gorgées ont reçue du pharynx, et si l'ampoule exploratrice est peu sensible, on ne trouvera pas sur le graphique la trace du passage de chaque ondée; si les conditions sont différentes, le graphique portera au contraire des traces du passage de toutes les gorgées. Nous avons remarqué d'ailleurs que l'amplitude des courbes produites par le passage des ondées diminuait au fur et à mesure qu'on enfonçait l'ampoule plus près du cardia, c'est-à-dire au fur et à mesure qu'on rapprochait l'ampoule exploratrice d'un point où les frottements qu'éprouve le liquide sont plus considérables.

Après la dernière déglutition d'une longue série, la portion blanche de l'œsophage reprend son rôle ordinaire. Elle se resserre péristaltiquement sur la dernière gorgée, ainsi que sur les quelques gouttes que l'animal déglutit pour achever de débarrasser sa bouche des boissons qui y sont restées.

Tel serait le mécanisme des déglutitions œsophagiennes associées. Nous voudrions le compléter par une étude sur la nature de la dilatation que nous avons signalée; mais nous ne sommes pas en mesure d'aborder cette question. Nous la réserverons pour un travail ultérieur où l'œsophage sera étudié comme muscle. Au surplus, elle n'est pas essentielle dans le sujet que nous traitons aujourd'hui.

3° La descente des aliments et des boissons dans la portion thoracique de l'œsophage est favorisée par le jeu de l'appareil respiratoire.

Nous avons expliqué plus haut l'influence qu'exerce la dépression thoraco-diaphragmatique qui coïncide avec le début des déglutitions isolées ou associées. Nous voulons parler maintenant de l'influence que les mouvements respiratoires exercent sur la portion intrathoracique de l'œsophage.

M. Goubaux a montré que les changements de pression qui s'établissent dans le thorax se font sentir sur l'œsophage. Il fixa un tube de verre à demi plein d'eau sur l'œsophage du Cheval, à la base du cou, et s'aperçut que le liquide baissait dans le tube pendant l'inspiration et s'y élevait pendant l'expiration. Si nous revenons sur ce fait, c'est pour compléter notre programme et mettre sous les yeux du lecteur des tracés qui en rendent l'existence indiscutable.

En plaçant un pneumographe autour de la poitrine et une

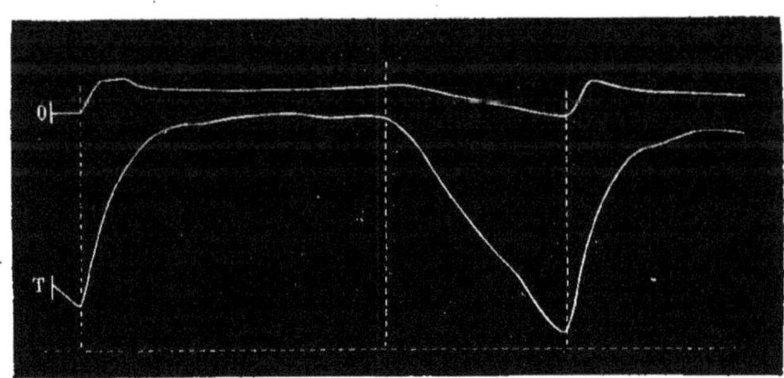

Fig. 30. — Montrant l'influence que la respiration exerce sur la portion thoracique de l'œsophage. — O. tracé d'une ampoule engagée dans la portion thoracique de l'œsophage; T, tracé pneumographique (Cheval).

ampoule dans la partie thoracique de l'œsophage, on obtient des tracés analogues à ceux de la figure 30. La courbe O répond à l'ampoule œsophagienne; la courbe T, au pneumographe. On constate, en les examinant, qu'elles s'élèvent et s'abaissent simultanément. D'où l'on peut conclure que les substances qui seront renfermées dans l'œsophage éprouveront une suite de compressions et de décompressions qui favoriseront leur descente vers l'estomac.

L'influence des mouvements respiratoires est d'autant plus grande que les parois de l'œsophage sont plus minces et plus souples. Par conséquent, elle sera plus importante chez le Bœuf que chez le Cheval, et, sur ce dernier, elle diminuera d'avant en arrière.

CONCLUSIONS.

Arrivé à la fin de la partie principale de notre tâche, nous devons jeter un coup d'œil rétrospectif sur ce travail et résumer les faits principaux qu'il renferme.

Il nous a été impossible de faire sur l'Homme toutes les expériences que nous avons instituées pour étudier le mécanisme de la déglutition des Mammifères. Néanmoins nous croyons que les résultats que nous avons obtenus sont applicables à notre espèce.

Il y a dans les fonctions un enchaînement et une subordination incontestable des actes qui les constituent. Par conséquent, si quelques-uns des *phénomènes principaux* de la déglutition sont communs à l'Homme et aux animaux, il nous paraît certain que tous les autres seront identiques. Or il y a un acte qui appartient à l'Homme et à nos Mammifères domestiques : la dépression thoracique qui accompagne invariablement toutes les déglutitions. Cet acte domine la fonction par son importance et par l'importance des organes qui l'exécutent. Aussi croyons-nous que tous les actes de la déglutition sont les mêmes dans l'Homme et les Mammifères qui nous ont servi à poursuivre nos expériences.

Nous croyons aussi que nos résultats s'appliquent à tous les Mammifères terrestres. Nous ne pouvons nous faire à l'idée qu'une légère différence dans la forme et les dimensions d'un organe entraîne un profond changement dans une fonction. Par exemple, M. Moura a distingué sur l'Homme cinq types d'épiglottes ; faudrait-il admettre que la déglutition s'accomplit, chez l'Homme, d'après cinq modes différents ? Nous ne le pensons pas. Or il n'y a pas plus de différence entre l'épiglotte des Mammifères domestiques qu'il n'y en a entre les cinq types humains. Pour ce motif, nous croyons que le mécanisme de la déglutition ne change pas d'une espèce à l'autre.

Quant aux principaux résultats auxquels nos expériences nous ont conduit, ils sont résumés dans les propositions suivantes :

1° La déglutition se divise seulement en deux temps : temps bucco-pharyngien et temps œsophagien.

2° On doit distinguer des déglutitions isolées et des déglutitions associées à la place des déglutitions de solides et des déglutitions de liquides.

3° Dans le premier temps, les aliments s'engagent dans l'œsophage sous l'influence d'agents mécaniques et physiques.

4° L'appareil respiratoire intervient au début des déglutitions pour favoriser la dilatation du fond de l'arrière-bouche, la raréfaction de l'air du pharynx et l'occlusion de la glotte.

5° Le larynx ne se ferme pas au début d'une déglutition. Quand il est fermé, toutes communications se trouvent interceptées entre le pharynx et le vestibule.

6° Les contractions du pharynx sont à leur maximum quand les bols sont ou très-petits ou très-volumineux.

7° Pendant les déglutitions associées, le pharynx se place dans un état moyen de raccourcissement autour duquel il présente une série de relâchements et de contractions.

8° Pendant les mêmes déglutitions, la respiration est simplement entrecoupée par une suite de dépressions thoraciques accompagnées chacune par une occlusion du larynx.

9° L'œsophage ne se contracte pas pendant les déglutitions associées.

10° Quand cet organe possède une partie blanche, il se dilate peu à peu, au delà du cœur, durant le passage des boissons.

SECONDE PARTIE.

MÉCANISME DE LA DÉGLUTITION CHEZ LES OISEAUX GRANIVORES.

On ne trouve pas, dans les auteurs, des données précises sur le mécanisme de la déglutition chez les Oiseaux.

Les ouvrages d'anatomie comparée renferment de simples vues théoriques émises à propos de la description des organes de la digestion. Les traités de zoologie ne fournissent pas d'autres matériaux, et les traités de physiologie comparée ne présentent rien qui soit très-rigoureux. Dugès se borne à dire « que les Oiseaux ont souvent, autour de la glotte, des denticules ou papilles demi-cornées, dirigées en arrière et propres à faciliter la descente des aliments ». Il ajoute toutefois « que la glotte se ferme alors hermétiquement, de même que dans les Reptiles, et quelquefois elle offre un rudiment d'épiglotte » (*Physiol.*, t. III, p. 347).

M. Colin fait remarquer que « la déglutition est lente, en général, chez les Oiseaux qui ont un œsophage à parois minces, bien que très-dilatables, et il termine en disant qu' « elle s'accompagne de secousses vives de la tête et même de tout le corps chez les Rapaces » (*Physiol.*, t. Ier, p. 631).

Cette pénurie de matériaux rendait notre étude plus longue, car nous devions examiner la fonction dans toutes ses parties ; mais elle rendait notre tâche plus facile, puisque nous n'étions pas astreint à discuter des opinions parfois très-différentes, et à les soumettre au contrôle de l'expérimentation.

Il fallait d'abord faire le choix des Oiseaux sur lesquels nous étudierions la déglutition. Ce choix était forcément très-limité. Nous nous sommes arrêté de préférence sur le Coq ; car, outre la facilité avec laquelle on se procure les animaux de cette espèce, leur caractère doux, leur habitude de vivre autour de nous, en font de bons sujets d'expérience. Nous avons dit ailleurs que ces qualités n'étaient pas indifférentes à une bonne étude graphique de la déglutition.

ARTICLE N° I.

CHAPITRE PREMIER.

DISPOSITION DES ORGANES DE LA DÉGLUTITION.

Chez les Oiseaux granivores, elle se fait remarquer par sa grande simplicité.

La *bouche*, dépourvue de lèvres et de dents, communique largement avec l'arrière-bouche. Il n'y a pas d'isthme ni de voile du palais.

La *langue* est sagittée, revêtue d'un épithélium corné, et munie, à la base, de plusieurs papilles, longues, dirigées en arrière. Elle jouit d'une très-grande mobilité.

L'*arrière-bouche* présente, en haut l'orifice guttural des cavités nasales, fente longitudinale divisée à son fond par le bord inférieur du vomer. La muqueuse de cette région possède quatre ou cinq rangées transversales de papilles récurrentes dont le développement augmente d'avant en arrière. Le reste du plafond de l'arrière-bouche, jusqu'à l'insertion des parois pharyngiennes sur la base du crâne, est garni de papilles éparses, mais toujours récurrentes. L'orifice des cavités nasales est entouré d'une épaisse couche de glandules reposant sur des fibres musculaires dont la contraction peut fermer cet orifice à un moment donné.

A l'extrémité inférieure de l'arrière-bouche, on trouve une autre fente, l'entrée du larynx, qui est dépourvue d'épiglotte. Elle est percée au milieu d'une saillie triangulaire, à base postérieure formée par le larynx. La base de cette saillie, figurant une sorte de talon transversal, est garnie de fortes papilles récurrentes.

La muqueuse de l'arrière-bouche est doublée extérieurement de deux plans de fibres musculaires dont la contraction raccourcit les deux diamètres de l'organe. Ajoutons que les muscles coniques de l'os hyoïde et le mylo-hyoïdien s'attachent sur les parois du pharynx, et peuvent, comme le dit Cuvier (*Anat. comp.*, t. IV, p. 610), leur imprimer des secousses.

L'*œsophage* est, à son origine, à peine distinct de la cavité pharyngienne. Il présente un calibre relativement énorme et une grande dilatabilité.

Trois *nerfs* rampent à la surface de la région pharyngo-laryngienne et de l'œsophage. Ce sont : le *glosso-pharyngien*, le *vague* et l'*hypoglosse*.

Le *glosso-pharyngien* émet une branche qui se rend dans la région sous-hyoïdienne et descend ensuite le long du pharynx et de l'œsophage, après avoir reçu toutefois une branche anastomotique du nerf vague. A la hauteur de la bifurcation de la carotide primitive, le glosso-pharyngien fournit un rameau flexueux qui se dirige vers le larynx supérieur en mêlant ses ramuscules terminaux à ceux d'une branche de l'hypoglosse. Nous appellerons ce rameau nerf *pharyngo-laryngien*. Il est sensitif.

Le *nerf vague* abandonne, dans la région sous-hyoïdienne, un filet qui s'anastomose immédiatement avec le glosso-pharyngien. Si l'on poursuit ce filet, on constate qu'il entre dans la formation du rameau pharyngo-laryngien que nous avons décrit plus haut.

L'*hypoglosse* croise, en se dirigeant en avant, le vague et le glosso-pharyngien. Après avoir franchi ce dernier, il marche parallèlement au rameau pharyngo-laryngien dont il est séparé par un vaisseau veineux, et va se terminer avec lui dans le larynx supérieur. Avant de gagner le larynx, il fournit un ramuscule qui monte vers la langue, où il se perd.

CHAPITRE II.

DIVISIONS DE LA DÉGLUTITION.

Les quelques lignes d'anatomie qui précèdent ont simplement pour but de rappeler ou de signaler certaines dispositions organiques dont la connaissance peut aider à l'étude expérimentale de la déglutition.

La libre communication de la bouche avec l'arrière-bouche, coïncidant avec l'absence de voile du palais et d'isthme du gosier, est la disposition qui frappe le plus au premier abord.

ARTICLE N° 1.

Elle entraîne une grande simplicité dans l'acte de la déglutition. Il est impossible ici de distinguer le passage du bol à travers le pharynx du passage à travers le fond de la bouche. Aussi devient-il inutile de discuter, à propos des Oiseaux, sur les divisions en trois temps que plusieurs auteurs ont adoptées pour les Mammifères.

La déglutition s'accomplira donc en deux temps, l'un *bucco-pharyngien*, l'autre *œsophagien*. Nous les étudierons successivement, comme dans la première partie de ce travail; mais leur étude sera plus courte qu'elle ne l'a été pour les Mammifères, car il n'y a pas lieu de distinguer, chez les Oiseaux, des déglutitions isolées et des déglutitions associées, attendu que ces animaux avalent les aliments et les boissons par un mode toujours identique.

CHAPITRE III.

PREMIER TEMPS OU TEMPS BUCCO-PHARYNGIEN.

On peut chercher à démêler les actes de la déglutition bucco-pharyngienne *de visu*, ou bien à l'aide des appareils graphiques.

§ 1er.

Par le procédé ordinaire des vivisections, on acquiert des notions assez nombreuses sur cette partie de la déglutition. On peut en effet observer les mouvements de l'appareil hyoïdien, du pharynx et du larynx, à l'aide d'une incision faite à la peau; on peut même voir ce qui se passe à l'intérieur de la bouche, en ouvrant le pharynx, tout en respectant les vaisseaux et les nerfs de la région.

Quand un sujet est préparé pour faire une observation, il faut provoquer des déglutitions en poussant des bols au fond de sa bouche. Il est rare qu'il prenne spontanément de la nourriture. Lorsqu'on détermine de véritables déglutitions, voici ce que l'on observe :

La bouche se ferme, le larynx monte et descend rapidement, à cinq, six, sept ou huit reprises, entre les branches du maxillaire inférieur; le pharynx se raccourcit et s'allonge un même nombre de fois; on voit ensuite l'origine de l'œsophage se dilater au-devant du bol, puis s'en emparer et le pousser vers un point plus éloigné.

Les déglutitions que l'on provoque en instillant quelques gouttes d'eau dans la concavité de la mandibule inférieure présentent le même mécanisme. Nous avons pourtant noté une dilatation de l'origine de l'œsophage un peu moins considérable que dans la déglutition des solides.

Si l'on incise longitudinalement les parois du pharynx et si l'on écarte les lèvres de la plaie, on aperçoit distinctement le fond de la bouche et l'entrée du larynx, et l'œil suit la phase bucco-pharyngienne des déglutitions.

On remarque, à chacune d'elles : 1° que la langue monte et s'abaisse plusieurs fois avec une grande rapidité; 2° que le larynx, d'abord caché au fond de l'arrière-bouche, se montre plusieurs fois au niveau de la plaie; 3° que la glotte se ferme pendant ces déplacements; 4° que le bol descend, accompagné de mucosités spumeuses.

Tels sont les mouvements que l'on observe à l'extérieur et à l'intérieur de la bouche et de l'arrière-bouche. Reste à faire connaître la manière dont ils entraînent les bols dans l'œsophage.

Pour la clarté de cette description, nous diviserons le chemin parcouru par le bol en deux étapes : la première s'étendant depuis l'entrée de la bouche jusqu'en arrière de l'orifice interne des narines; la seconde, depuis ce point jusqu'à l'entrée de l'œsophage.

Dans la première étape, la langue est le véritable agent de la descente du bol. Par ses mouvements de propulsion et de rétropulsion, elle presse le bol contre les papilles récurrentes de la voûte palatine et l'amène rapidement à portée des longs prolongements cornés de sa base. Ceux-ci le saisissent dans un mouvement de propulsion de la langue et l'entraînent en arrière lorsque la langue revient à sa position première.

Dans la seconde étape, le rôle principal revient au larynx.

ARTICLE N° 1.

Le bord postérieur de cet organe, disposé sous la forme d'une sorte de talon hérissé de papilles, s'élève, s'applique contre la voûte du pharynx et refoule en arrière, au moment où il retombe vers son point de départ, toutes les particules qui s'insinuent entre ses papilles et les parois pharyngiennes. Ces mouvements, se reproduisant plusieurs fois avec rapidité, parviennent bien vite à faire passer les aliments dans l'œsophage.

Il est possible d'étudier, en quelque sorte à loisir, les phénomènes que nous décrivons en excitant le rameau pharyngolaryngien qui rampe sur le plan latéral du larynx. Si l'excitation dure un certain temps, on fixe, pour ainsi dire, la langue et le larynx dans la position qu'ils prennent pendant la déglutition. Si l'on rapproche les excitations, ces organes montent et descendent à chacune d'elles, comme ils le font dans la déglutition spontanée, et entraînent un bol vers l'œsophage par ces mouvements artificiellement provoqués.

§ 2.

Pour rester fidèle à notre programme, nous devions contrôler, par la méthode graphique, les faits que l'observation directe nous avait révélés, et étudier les relations que la respiration entretient avec la déglutition.

A. Dans l'étude graphique de la déglutition bucco-pharyngienne et œsophagienne, nous ne pouvions pas espérer agir sur le Poulet comme sur le Cheval, c'est-à-dire placer des ampoules ou des tubes dans les cavités parcourues par les aliments. Il n'y aurait pas eu place pour les appareils explorateurs et pour les bols alimentaires. Nous avons pensé que nous atteindrions notre but en faisant avaler aux sujets d'expérience un bol artificiel, creux, élastique, tendant toujours à prendre sa forme naturelle, dont la cavité communiquerait à l'aide d'un tube fin et souple avec un tambour à levier.

Une petite tetine de gomme, imperforée à sa grosse extrémité, nous a servi de bol; nous l'avons attachée à un tube de caoutchouc assez fin pour qu'il pût permettre à l'ampoule de descendre dans le pharynx et l'œsophage, sans gêner notablement les mouvements de la langue et des mandibules. Un fil solide, long de 30 à 40 centimètres, était fixé sur l'ampoule et devait servir à la retirer des profondeurs de l'œsophage après chaque déglutition.

Tel est le petit appareil que nous avons employé pour recueillir l'action des parois du pharynx et de l'œsophage sur le bol alimentaire.

Si l'on entr'ouvre avec précaution les mandibules d'un Poulet convenablement maintenu, et si l'on engage le bol artificiel au fond de la bouche, on réussit de temps en temps à provoquer une véritable déglutition. Dans ce cas, la petite vessie de caoutchouc est entraînée vers l'œsophage, et le tube qui la rattache à l'appareil enregistreur disparaît peu à peu dans la bouche.

Le tracé que l'on obtient débute toujours par une série de petites courbes positives d'une très-courte durée, ainsi qu'on en juge sur la figure ci-jointe, en D, où elles sont tellement rapprochées, qu'elles se touchent presque toutes. Ce tracé a été recueilli sur un cylindre qui déroulait seulement $0^m,007$ de papier par seconde.

En portant la vitesse du cylindre à $0^m,042$ par seconde, on écarte les courbes les unes des autres, et les tracés que l'on

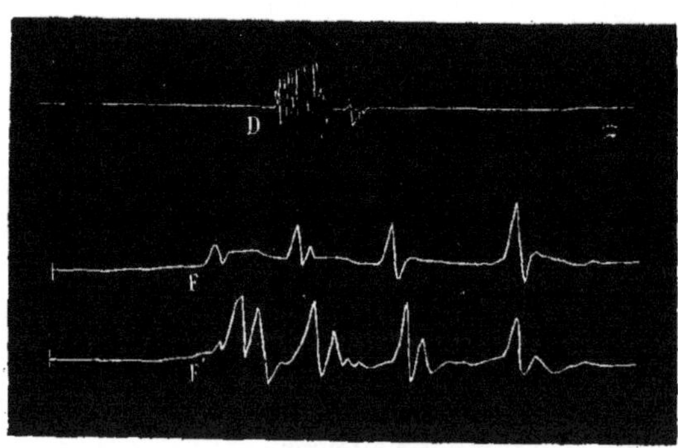

Fig. 31. — Tracés de la déglutition bucco-pharyngienne du Poulet : D, graphique obtenu sur l'axe lent de l'enregistreur universel; F et F', graphiques obtenus sur l'axe moyen.

obtient sont plus faciles à étudier. Nous en présentons quelques exemples (fig. 31, F et F').

On dirait, en jetant les yeux sur ces tracés, que le bol est soumis, dans la cavité pharyngienne, à une série de pressions positives suivies chacune d'une pression négative ; ce qui ferait croire à un resserrement et à une dilatation alternatifs de l'arrière-bouche. Mais il ne faut tenir aucun compte de la partie négative des courbes, car elle est due à l'élasticité de la membrane du tambour enregistreur dont le levier revient brusquement vers le zéro. En conséquence, les tracés démontrent que le bol est amené dans l'œsophage par les pressions successives qu'il subit de haut en bas et d'avant en arrière. Nous avons expliqué précédemment le mécanisme de ces pressions, nous n'y reviendrons pas. Ajoutons seulement que ces pressions déterminent la descente du bol, grâce à l'action directrice des papilles récurrentes qui garnissent la voûte palatine, la base de la langue et le bord postérieur du larynx.

En résumé, les agents de la déglutition bucco-pharyngienne, chez les Oiseaux, sont exclusivement mécaniques, tandis qu'ils sont mécaniques et physiques chez les Mammifères.

Quant aux causes qui empêchent aux aliments de pénétrer dans les fosses nasales et dans le larynx, il faut citer : 1° l'action des muscles et des papilles qui entourent l'orifice guttural des cavités nasales, qui remplace celle du voile du palais ; 2° l'occlusion de la glotte, et un acte respiratoire important sur lequel nous allons insister, qui remplacent l'occlusion du vestibule laryngien par l'épiglotte et les cordes vocales, et le mouvement de projection du larynx sous la base de la langue constatés dans les Mammifères.

B. Si l'on explore l'appareil respiratoire à l'aide de petites ceintures pneumographiques et de tubes introduits dans la trachée, on obtient des graphiques dont l'examen démontre :

1° Que les déglutitions se font rarement dans le cours d'une inspiration, à moins que l'expérimentateur ne contraigne l'animal à déglutir pendant ce mouvement. Elles ont lieu surtout au commencement des expirations, assez souvent aussi à la fin (voy. fig. 32).

2° Qu'à chaque déglutition la glotte se ferme, la pression

intrathoracique s'élève, pendant que le thorax et l'abdomen se mettent en expiration. En étudiant de près la courbe de la pression intrapulmonaire T (fig. 32), on s'aperçoit que la pression s'accroît brusquement au début d'une déglutition, et se maintient élevée, tout en éprouvant quelques variations insignifiantes, jusqu'à l'établissement de la déglutition œsophagienne. L'accroissement est considérable quand le bol est volumineux et entraîne des efforts de déglutition ; il est beaucoup moindre quand le bol est petit et facile à avaler. Lorsque

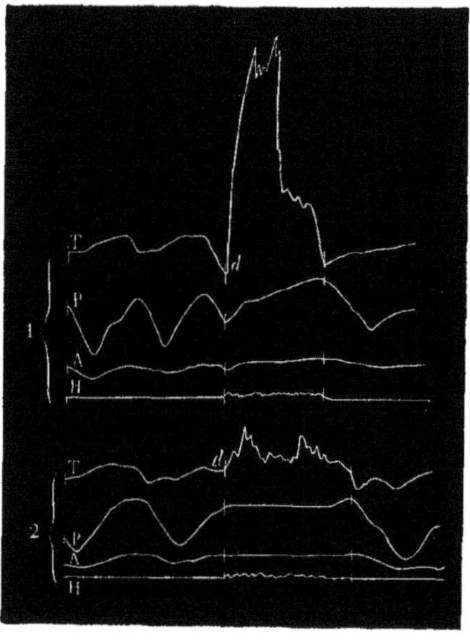

FiG. 32.— Montraut les modifications simultanées de l'appareil respiratoire et de l'appareil hyo-laryngien pendant la déglutition, chez le Poulet. 1 et 2 : T, pression intra-pulmonaire ; P, tracé des mouvements des côtes (respiration) ; A, tracé des mouvements de l'abdomen; H, déplacement de l'hyoïde pendant une *déglutition d.*

Dans la série n° 1, la déglutition s'est produite vers la fin d'une *inspiration* ; la déglutition a été laborieuse. Dans la série n° 2, elle est survenue à la fin d'une expiration ; elle a été relativement très-facile.

les sujets avalaient les miettes de pain ou les gouttelettes de boisson qui leur restaient dans la bouche après des déglutitions provoquées, la courbe s'élevait à peine au-dessus des *maxima* ordinaires. Dans tous les cas, les accidents qui hérissent ces courbes sont dus aux mouvements d'ascension et de descente du larynx et de la trachée ; leur nombre est égal à celui des mouvements de l'appareil hyoïdien qui furent nécessaires pour déterminer l'introduction du bol dans l'œsophage.

La courbe des mouvements du thorax P montre que les côtes

s'affaissent si l'animal est en inspiration au moment où il déglutit, et qu'elles restent en expiration si elles sont déjà dans cette position. Quand les déglutitions sont spontanées et les bols peu volumineux, la poitrine se met en expiration simple ; mais quand les déglutitions sont laborieuses, le sommet de la courbe expiratoire dépasse notablement celui des expirations ordinaires : dans ce cas, il y a donc plus qu'un simple relâchement des muscles inspirateurs.

Quelles que soient leur amplitude et leur durée, les courbes expiratoires ne présentent jamais les ressauts des courbes de la pression intrapulmonaire. Nous voyons, dans ce fait, la preuve que ces ressauts ont simplement leur source dans les déplacements brusques du larynx et de la trachée.

Le tracé A, recueilli sur l'abdomen, démontre que les parois abdominales s'affaissent comme les parois thoraciques pendant les déglutitions.

On se rappelle que, chez les Mammifères, la pression intra-thoracique diminue, tandis que le flanc se soulève et que les côtes s'abaissent ; d'où nous avions conclu à une brusque et rapide dépression d'origine diaphragmatique. Ici il se produit un véritable effort d'une assez longue durée. Par conséquent, l'intervention de l'appareil respiratoire dans la déglutition diffère totalement chez les Oiseaux et chez les Mammifères.

Ces différences s'expliqueraient, d'après nous, assez facilement.

On avait cru, et plusieurs anatomistes croient encore, que les papilles récurrentes qui hérissent plus ou moins le pourtour de la glotte suppléaient l'épiglotte absente chez les Oiseaux et protégeaient les voies aériennes contre les parcelles alimentaires. Mais Duvernoy fait remarquer, dans les *Leçons d'anatomie comparée* de G. Cuvier, que « tant de variations dans leur existence et leurs proportions relatives, ainsi que dans leur consistance, prouvent qu'elles ne remplacent pas l'épiglotte, et qu'il faut chercher dans d'autres circonstances organiques les moyens départis aux Oiseaux pour donner aux substances qu'ils avalent la direction convenable et les détourner du conduit de la respiration ». Nous pensons que l'expiration qui accompagne toute déglutition est bien faite pour remplacer les « circonstances organiques » autres que la présence des papilles récurrentes qui doivent détourner du conduit respiratoire les substances qu'avalent les Oiseaux. Car ce mouvement rejettera au dehors de la trachée toutes les parcelles qui auraient franchi la glotte, malgré son occlusion. Quant à la durée de cet effort, elle s'explique par la manière dont le bol descend dans le pharynx. Au lieu de descendre sous l'influence d'une contraction synergique des muscles hyo-laryngiens, linguaux et pharyngiens, comme chez les Mammifères, le bol est poussé par les frottements répétés de la langue et du larynx contre le palais et le pharynx. Or, quelle que soit la rapidité avec laquelle s'exécutent ces frottements, ils demandent toujours beaucoup plus de temps pour s'accomplir que la contraction convulsive de l'appareil pharyngo-laryngien des Mammifères.

CHAPITRE IV.

DEUXIÈME TEMPS OU TEMPS ŒSOPHAGIEN.

En découvrant la portion cervicale de l'œsophage, on peut étudier *de visu* les mouvements de cet organe pendant la déglutition.

On constate qu'à l'arrivée d'un bol liquide ou solide, l'origine du canal œsophagien se dilate sur une longueur de 1 centimètre à 1 centimètre 1/2, puis se rétrécit en arrière du pharynx de façon à pousser les aliments vers le jabot. Ce mouvement péristaltique diffère peu de celui que l'on observe chez les Mammifères. Toutefois il se fait remarquer par la grande dilatation que l'œsophage présente successivement et de proche en proche, en avant de l'onde contractée, et par la lenteur avec laquelle cette dernière descend le long du conduit.

Si l'on incise les parois œsophagiennes, on s'aperçoit que les aliments sont accompagnés d'un mucus fortement spumeux, et que les gaz qui lui donnent ce caractère remontent très-fréquemment du jabot vers la bouche à la suite de quelques déglutitions.

Les tracés confirment ces observations.

Recueillie en un point quelconque de la région cervicale, à l'aide d'une petite ampoule introduite dans l'organe, la contraction de l'œsophage de l'Oiseau se distingue de celle de l'œsophage des Mammifères par sa lenteur, et par conséquent sa durée, et par la grande différence qui existe entre la durée du resserrement et celle du relâchement. La première est environ huit fois plus longue que la deuxième.

Enfin, on constate, en faisant avaler notre petit bol artificiel, que les aliments sont conduits dans le jabot par une série de contractions qui viennent agir successivement sur eux.

Le tracé ci-joint (fig. 33) a été obtenu de cette façon.

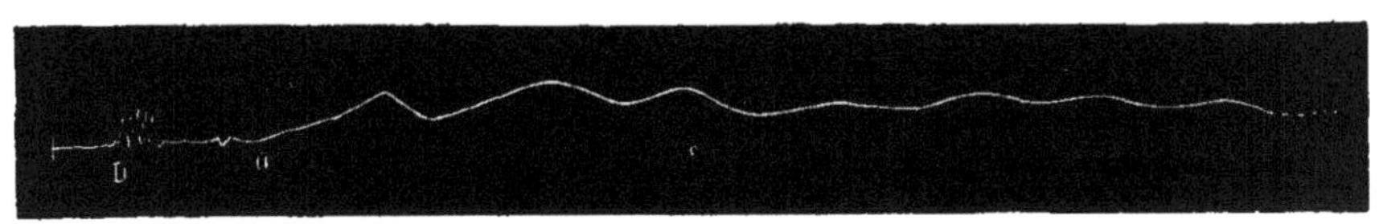

FIG. 33. — Représentant l'action du pharynx et de l'œsophage sur un bol artificiel élastique : D, déglutition bucco-pharyngienne ; O, déglutition œsophagienne.

On y voit, à la suite des ascensions brusques D, qui sont le résultat de la compression du bol artificiel par la langue et le larynx, une longue série de courbes commençant en *o*, qui sont dues à l'action péristaltique de l'œsophage.

On observe habituellement que le bol est plus fortement comprimé à son entrée dans l'œsophage qu'à l'intérieur de la bouche et du pharynx. Tantôt le maximum de la compression se maintient pendant toute la durée de la déglutition ; tantôt elle diminue après le début de l'acte. Nous n'avons pu saisir la cause de cette différence.

CONCLUSIONS.

Nous résumerons dans les conclusions suivantes les faits principaux qui sont renfermés dans la deuxième partie de notre mémoire :

1° Chez les Oiseaux, la déglutition se divise naturellement en deux temps.

2° Toutes les déglutitions s'exécutent toujours d'après le même mode.

3° Dans le premier temps, les aliments sont poussés dans l'œsophage par des agents exclusivement mécaniques.

4° L'appareil respiratoire se met en expiration pendant la déglutition bucco-pharyngienne, et vient en aide à l'occlusion du larynx, pour empêcher l'introduction des aliments dans la trachée.

5° L'expiration est d'autant plus forte que la déglutition du bol est plus difficile.

6° La contraction péristaltique de l'œsophage est beaucoup plus lente que dans les Mammifères.

Vu et approuvé, le 28 février 1877.

Le Doyen de la Faculté des sciences,
MILNE EDWARDS.

Permis d'imprimer, le 28 février 1877.

Le Vice-recteur de l'Académie de Paris,
A. MOURIER.

BIBLIOGRAPHIE.

Outre les traités classiques d'anatomie et de physiologie humaines et comparées,
voyez :

BOERHAAVE. — Institut. medicæ, 1708.

BÆCLER. — Historiæ instrumentorum deglutitionis, etc., etc. Strasbourg, 1705.

ALBINUS (Sig.). — Historiæ musculorum, 1734.

WALTHER (A.). — Dissert. de deglutitione. Leipzig, 1735.

ALBINUS (Fréd.). — De deglutitione, 1740.

SCHULZE. — De deglutitione. Leyde, 1740.

HALLER. — Elementa physiologiæ, 1777.

WENTZ. — De deglutitionis mechanismo. Erlangen, 1790.

SANDIFORT (P. J.). — Deglutitionis mechanismus verticali sectione narinum, oris, faucium, illustr. Lugd. Bat., 1805.

MAGENDIE. — Usage du voile du palais (thèse de doctorat. Paris, 1808).

MAGENDIE. — Mémoire sur l'usage de l'épiglotte pendant la déglutition. Paris, 1813.

MAGENDIE. — Mémoire sur la déglutition de l'air atmosphérique, lu à l'Institut, 1815.

REICHEL. — De usu epiglottidis. Berlin, 1816.

GERDY. — Note sur les mouvements de la langue et quelques mouvements du pharynx (Bulletin universel des sc. médic. de Férussac). Paris, 1830.

HEAUME (W.). — Sur le mécanisme de la déglutition (in Lond. Med. and Surg. Journal, vol. IV, 1833).

LÉLUT. — Sur les glandes du pharynx (in Journ. hebd., mai 1833).

RULLIER. — Dictionnaire de médecine, ou Répertoire des sc. médic., article DIGESTION, 2e édition. Paris, 1835.

MAISSIAT. — Quel est le mécanisme de la déglutition? (Thèse de doctorat). Paris, 1838.

DZONDI. — Die Funktionen des weichen Gaumens beim Athmen, Sprechen, Singen, Schlingen, etc. Halle, 1841.

DEBROU. — Fonctions des muscles du voile du palais (thèse de doctorat). Paris, 1841.

LONGET. — Recherches expérimentales sur les fonctions de l'épiglotte (Archives générales, t. XII, 1841).

HUSCHKE. — Encyclopédie anatomique, Splanchnologie, p. 42, traduction de Jourdan. Paris, 1845.

BERNARD (Cl.). — Mémoire sur le rôle de la salive dans le phénomène de la déglutition (Archives générales de médecine, 1845).

WILD. — Ueber die peristaltische Bewegung des Œsophagus, etc. (in Zeitschrift, für rat. Medic., 1846).

BERNARD (Cl.). — Leçons sur la physiologie et la pathologie du système nerveux, t. II. Paris, 1858.

SCHRÖDER VAN DER KOLK. — Bau und Funktionen der Med. spinalis und oblongata. Braunschweig, 1858.

CHAUVEAU. — *Du nerf pneumogastrique considéré comme agent excitateur et coordinateur des contractions œsophagiennes dans l'acte de la déglutition* (in Journal de la physiologie de l'Homme et des animaux de Brown-Séquard, 1862).

CHAUVEAU. — Mouvements péristaltiques de l'œsophage, à propos d'une observation d'asphyxie sur un Cheval à la suite de l'administration d'un breuvage (in Journ. de méd. vétér. de Lyon, 1864).

GUINIER. — Expériences physiologiques sur la déglutition faites au moyen de l'autolaryngoscopie (Comptes rendus de l'Académie des sciences, 1863 et 1865).

GUINIER. — Étude sur le gargarisme laryngien. Montpellier, 1868.

KRISHABER. — Du mécanisme de la déglutition (Union médicale, 1865).

VULPIAN. — Rôle du système nerveux dans la déglutition (in Revue des cours scientifiques, 1866).

MOURA. — Mémoire sur l'acte de la déglutition (in Journ. de l'anat. et de la physiol., etc., de Ch. Robin, 1867).

SCHIFF (M.). — Leçons sur la physiologie de la digestion. Paris, 1868.

ORÉ (G.). — Article DÉGLUTITION, in Nouveau Dictionnaire de médecine et de chirurgie pratique, t. X, Paris, 1869.

WALLER et PRÉVOST. — Note relative aux nerfs sensitifs qui président aux phénomènes réflexes de la digestion (Comptes rendus de l'Académie des sciences, 9 août 1869).

COLIN (G.). — Traité de physiologie comparée des animaux domestiques, t. I. Paris, 1871.

WUNDT. — Nouveaux Éléments de physiologie humaine, traduct. de Bouchard. Paris, 1872.

GOLTZ. — Étude sur les mouvements de l'œsophage et de l'estomac de la Grenouille (Pflüger's Archiv, 1872, analysé in Revue des sciences médicales, t. II, p. 33).

MOSSO. — Movimenti dell' œsofago. Ricerche sperimentali. Torino, 1873.

TOUSSAINT. — Application de la méthode graphique à l'étude du mécanisme de la réjection dans la rumination (Comptes rendus de l'Académie des sciences, août 1874).

CARLET. — Sur le mécanisme de la déglutition (Comptes rendus de l'Académie des sciences, 2 novembre 1874).

ARLOING. — Application de la méthode graphique à l'étude du mécanisme de la déglutition (Comptes rendus de l'Académie des sciences, 2 novembre 1874).

ARLOING. Deuxième Note (Comptes rendus, 24 mai 1875).

DEUXIÈME THÈSE

RECHERCHES ANATOMIQUES

SUR

LE BOUTURAGE DES CACTÉES

INTRODUCTION.

Depuis longtemps la multiplication des végétaux par le bouturage est l'objet d'observations patientes et attentives. Mais ces observations se sont presque toujours maintenues sur le terrain des applications. Botanistes, horticulteurs et amateurs se sont attachés à déterminer les conditions dans lesquelles cette opération réussit le mieux pour telle ou telle espèce de végétaux. Très-rarement ils ont abordé cette question par le côté scientifique.

Nous n'ignorons pas que des travaux d'un ordre élevé ont touché plus ou moins directement à ce sujet. Tel est l'important mémoire de M. Trécul sur l'origine des racines adventives, publié en 1846. Ce travail, entrepris dans le but de combattre la théorie de Gaudichaud sur l'accroissement, a fourni des documents précieux sur les phénomènes anatomiques du bouturage ; seulement, les idées toutes spéciales qui guidaient l'auteur ne lui permirent pas d'envisager sous toutes leurs faces les résultats remarquables qu'il a obtenus. Telles sont encore les recherches de H. de Mohl, Hanstein, Lestiboudois, Casimir de Candolle, Rauwenhoff, sur l'apparition et le mode de développement du tissu subéreux, recherches qui se rattachent à la cicatrisation de la plaie accidentelle des boutures. Mais, nous le répétons, ces travaux manquaient de l'appropriation que nous voulons donner à nos recherches, de sorte que l'étude anatomique du bouturage, malgré les observations anciennes de A. P. de Candolle, et celles des botanistes que nous avons cités, présentait encore plusieurs points obscurs. On ne connaît qu'un seul mémoire de M. Crüger, publié dans le *Botanische Zeitung* en 1860, qui touche spécialement à la question que nous nous sommes proposée. Il traite des changements de tissu qui ont lieu dans la multiplication par boutures.

Au surplus, nous rencontrons la preuve de nos assertions dans les paroles autorisées que M. Duchartre a prononcées au sein de la Société botanique de France (1), à la suite d'une communication de M. Prillieux sur des plaies de la tige d'un *Wigandia*. En effet, M. Duchartre engage l'auteur à poursuivre ses recherches en les appliquant à l'étude des phénomènes du bouturage, où il y a, d'après son opinion, plusieurs faits intéressants à élucider. En outre, M. Decaisne, rapporteur de la commission chargée de juger le concours pour le prix Bordin, en 1873, s'exprime, dans son rapport sur un travail présenté à ce concours, de manière à laisser comprendre que nous manquons de connaissances scientifiques sur la bouture (*Comptes rendus de l'Académie des sciences*, 28 octobre 1874) (2).

Voilà les motifs qui nous ont engagé à étudier ce côté de l'histoire des végétaux. Guidé par eux, appuyé sur des autorités aussi considérables que les noms de MM. Duchartre et Decaisne, nous pouvions espérer que les minimes résultats auxquels nous devions prétendre ne seraient pas dépourvus d'intérêt.

Le genre de nos travaux nous portait naturellement vers l'étude microscopique des modifications qui se produisent à l'extrémité inférieure de la bouture. Nous l'avons entreprise

---

(1) Séance du 29 novembre 1872.

(2) Nous n'insisterons pas davantage sur l'historique de la question, afin d'éviter des redites. Plus tard nous aurons à approuver ou à discuter des idées qui ont cours dans la science ; il nous paraît inutile de les écrire une première fois dans une introduction, où l'on ne peut pas en examiner la valeur.

avec d'autant plus d'empressement que nous nous plaisions d'avance à établir des rapprochements entre les phénomènes anatomiques que nous allions observer et ceux qui se passent quelquefois chez les animaux. Nous espérions ramener à l'unité quelques phénomènes biologiques, et par là faire une œuvre utile ; car il est impossible de douter que si la science a accompli ses premiers progrès en signalant des différences, elle progressera encore davantage lorsqu'elle révélera des analogies cachées.

Mais une étude anatomique du bouturage demande, pour être complète, une série presque indéfinie d'examens microscopiques comparatifs. Nous fûmes obligé de restreindre nos investigations à une famille de plantes qui se recommande particulièrement à l'attention des naturalistes, la famille des Cactées.

Le mémoire que nous présentons aujourd'hui devra donc être regardé comme une simple contribution à cette vaste étude.

Si maintenant on nous demandait la cause qui a déterminé notre choix, nous répondrions que nous avons choisi les Cactées parce que les anatomistes n'ont jamais parlé que très-superficiellement de l'enracinement de ces plantes. Nous ajouterions que la structure de ces végétaux se prête merveilleusement aux examens microscopiques, et permet, grâce à un épais parenchyme cortical, d'assister en quelque sorte au développement graduel des racines adventives. Enfin, nous dirions que le hasard a fait tomber sous nos yeux un fait que nous pensions inconnu (la présence de racines adventives sur la moelle d'une Cactée), et dont nous voulions chercher l'explication.

Ainsi que l'indique le titre que nous avons adopté, nos recherches sont purement anatomiques. Elles viendront prendre place dans trois chapitres principaux, comprenant : le premier, la *cicatrisation de la surface accidentelle des boutures;* le deuxième, l'*indication des points où apparaissent les racines adventives*, et le troisième, la *formation* et l'*accroissement de ces racines*. En exposant nos observations, nous essayerons de

faire ressortir tous les points qui nous sembleront propres à jeter quelques lumières sur certaines questions d'organogénie et de phytotomie.

Tel est le cadre que nous nous sommes tracé. Puissent nos juges et nos lecteurs trouver que nous l'ayons fidèlement et utilement rempli (1).

CHAPITRE PREMIER.

CICATRISATION DE LA SURFACE ACCIDENTELLE DES BOUTURES.

§ 1.

Les Cactées se multiplient très-facilement par boutures. La tige, les rameaux, et même la fleur et le fruit de ces plantes peuvent servir à ce genre de multiplication. C'est M. Trécul qui a observé le premier, au Texas, la multiplication d'une Cactée par ses fleurs et ses fruits. Son observation a été corroborée depuis par les expériences de M. Baillon sur quelques plantes de la même famille.

A. — Préparation des boutures.

1° Règle générale, on s'adresse aux rameaux ou à la tige des Cactées pour obtenir des boutures. Certains genres (*Echinopsis, Melocactus*, etc.) nous les fournissent tout naturellement, car les ramifications de ces plantes, après avoir acquis

---

(1) A l'époque où nous commencions nos recherches, M. R. Stoll publiait, à notre insu, dans le *Botanische Zeitung* (1874), des travaux *sur la formation du callus dans les boutures*. M. Duchartre résume les faits les plus importants du travail de M. Stoll dans les conclusions suivantes : « Le bourrelet qui se produit au bord inférieur des boutures n'est pas nécessaire à leur reprise ; il paraît contribuer d'abord à les nourrir, puis il protège et abrite leur section, et pour cela il forme généralement, à une faible distance au-dessous de sa surface, une assise plus ou moins épaisse de tissu subéreux. » (*Éléments de botanique*, 2ᵉ édit., p. 332.) Nos études confirment la plupart des faits signalés par M. Stoll, et de plus, croyons-nous, élargissent nos connaissances sur quelques points de l'histoire anatomique et physiologique du bouturage qui n'ont pas été abordés jusqu'à ce jour.

tout leur développement, se séparent de la tige par un étranglement qui se prononce de plus en plus et finit par se rompre.
Ajoutons que, le plus souvent, quand la séparation approche,
des racines adventives se développent sur la base des rameaux,
de sorte que ceux-ci se fixent immédiatement dans le sol et ne
tardent pas à végéter. Pour avoir des boutures, il n'y a donc
qu'à recueillir les rameaux ainsi détachés de ces plantes, ou
bien, si l'on ne veut pas attendre une séparation naturelle, il
faut la provoquer, et pour cela il y a fort peu de chose à faire.
Une bouture obtenue dans ces conditions n'offre pour ainsi
dire pas de surface accidentelle et peut être mise en terre sur-
le-champ.

Lorsque les Cactées ont une tige simple et sans ramifications,
ou bien lorsque leurs rameaux se continuent et font corps avec
la tige, il faut de toute nécessité retrancher artificiellement
l'extrémité de la tige ou des rameaux pour avoir des boutures.
M. Lemaire recommande de pratiquer les amputations d'un
seul coup et avec une lame bien tranchante. Quant à la direction
de la coupe, relativement à l'axe longitudinal de la bouture,
elle ne paraît pas avoir, pour les Cactées, l'importance qu'elle
présente pour les Dicotylédonées ligneuses.

Les amputations étant faites, M. Lemaire conseille de « saupoudrer de sable blanc bien sec ou de cendres les deux plaies,
pour empêcher une inutile déperdition de séve ». Nous avouerons
que nous ne comprenons pas l'avantage de cette dernière pratique. Il nous semble au contraire qu'elle va à l'encontre du
but que l'on se propose, car un corps poreux et avide d'humidité, comme du sable bien fin ou de la cendre, doit aspirer
par hygroscopicité et capillarité une grande quantité de suc.
Tout ce que peuvent faire ces corps poreux, c'est d'absorber
les liquides qui viennent sourdre sur la surface de section et de
les rendre moins visibles ; mais, dans ces conditions, leur utilité est plus apparente que réelle. A notre avis, ils seraient
même nuisibles à la prompte cicatrisation des plaies, parce
qu'ils abritent les tissus végétaux sous une enveloppe humide
et les prédisposent à la pourriture.

2° On a remarqué, depuis longtemps, que les Cactées reprennent plus sûrement lorsque la surface accidentelle des boutures est *ressuyée*, c'est-à-dire légèrement desséchée. Aussi les horticulteurs ont-ils l'habitude de laisser séjourner à l'ombre, sur un rayon de la serre, les rameaux qu'ils se proposent de planter. D'après A. P. de Candolle, cette habitude serait avantageuse sous plusieurs rapports : 1° la tranche de la coupe se desséchant un peu, le tissu cellulaire cortical est moins susceptible de pourrir ; 2° cette partie desséchée de l'écorce forme comme une sorte de bourrelet qui arrête les sucs descendants et favorise le développement des racines ; 3° la branche entière, ayant perdu une partie notable de son humidité par l'évaporation, est disposée à pomper l'eau avec plus d'activité, et à reprendre ainsi plus vivement ses fonctions végétatives.

Le premier de ces avantages se conçoit aisément. On sait en effet que chez les Dicotylédonées ordinaires, dont les boutures ne peuvent pas attendre sans danger, une portion de moelle et d'écorce est fatalement condamnée à pourrir dans le sol humide que l'on entretient immédiatement autour des jeunes plantes. Cependant nous devons dire que nous avons planté intentionnellement des boutures de Cactées fraîchement coupées, et que toutes celles dont les sucs sont aqueux ont parfaitement réussi. Elles nous ont offert plus tard une surface accidentelle régulièrement cicatrisée, surtout quand on a eu le soin de ne pas abuser des arrosages. Cet excellent résultat doit être attribué à la puissance formatrice des Cactées, sur laquelle nous aurons bientôt à revenir.

Le troisième se comprend aussi très-bien : la transsubstantiation étant basée en grande partie sur la circulation des liquides à l'intérieur des végétaux. Mais le second avantage est discutable, car cette cicatrice plus ou moins solide n'a pas d'analogie avec les bourrelets qui se forment ordinairement à l'extrémité inférieure des boutures. Nous examinerons ce fait plus longuement en étudiant les phénomènes anatomiques de la cicatrisation.

3° La durée du *ressuyage* n'est pas nécessairement très-longue. Dès que la surface de section est recouverte d'une pellicule blanchâtre, un peu résistante, la bouture peut être mise en terre. Cette pellicule se forme rapidement si la température est élevée et sèche.

Quand cette pellicule protectrice est constituée, les tissus vivants de la bouture sont mis à l'abri des agents extérieurs, et la bouture elle-même est susceptible de conserver pendant plusieurs mois la faculté de reprendre aussitôt qu'elle sera placée dans des conditions favorables.

A. P. de Candolle rapporte que Th. de Saussure a conservé une branche d'*Opuntia* vivante pendant plusieurs mois, et qu'un *Sempervivum cæspitosum* cueilli à Ténériffe par Christian Smith, et conservé dix-huit mois en herbier, a parfaitement repris et végété dans le jardin de Genève. M. Pépin a rapporté, dans un travail *sur la persistance de la vie dans les végétaux*, qu'il a conservé des pieds d'*Opuntia* et une tige de *Cereus peruvianus* de deux à huit années, sans qu'ils eussent perdu la faculté de prendre. Ces faits de persistance de la vitalité dans des fragments de plantes grasses ne nous étonnent pas, car nous avons conservé et conservons encore sur les rayons de notre laboratoire des tiges ou des rameaux de *Cereus peruvianus*, *Cereus monstruosus*, *Opuntia vulgaris* et *inermis* depuis bientôt deux ans, et l'on ne se douterait pas, en les voyant, que ces portions de végétaux sont séparées du sol depuis si longtemps.

L'abondance du tissu parenchymateux, la rareté des stomates et la solidité de l'épiderme des Cactées conservent la vie dans leurs boutures. Si l'on vient à élargir les voies offertes à l'évaporation en sectionnant, par exemple, l'extrémité naturelle d'une bouture, celle-ci ne tarde pas à se dessécher et à mourir. Et telle est l'influence d'une enveloppe continue d'épiderme, que souvent le segment qui porte l'extrémité naturelle de la bouture résiste à la dessiccation, tandis que l'extrémité inférieure, incomparablement plus volumineuse, mais blessée à ses deux extrémités, périt infailliblement. De ce qui précède on peut conclure qu'une bouture vivra en *ressuyage* d'autant plus longtemps qu'elle sera plus intacte et plus volumineuse.

4° Il ne faudrait pas croire toutefois que les boutures conservées longtemps en réserve restassent intactes : elles pâlissent notablement; elles se rident, ce qui indique que l'eau les abandonne; elles perdent sans doute d'autres éléments, et le total des pertes qu'elles subissent se traduit par une diminution de poids. Autrefois A. P. de Candolle a calculé qu'en un mois d'été, des plantes grasses qui n'appartiennent pas à la famille des Cactées perdirent une partie de leur poids, qui varia, selon les espèces, entre 18 et 40 pour 100.

Nous avons renouvelé ces pesées sur des Cactées, dans des conditions analogues : sur les rayons d'un laboratoire situé au premier étage, nous laissons séjourner, pendant un mois chaud et humide (du 26 juin au 26 juillet 1875), des boutures de *Cereus peruvianus*, *C. monstruosus*, *Opuntia Ficus indica*, les unes coupées depuis peu, les autres depuis plusieurs mois. Nous les pesons au commencement et à la fin de l'expérience. Les résultats furent les suivants :

Nos	ESPÈCES.	AGE DE LA BOUTURE.	POIDS.		PERTE	
			26 juin.	26 juillet.	totale.	p. 100.
1.	*C. peruvianus.*	Coupée depuis plusieurs mois......	1,043 k	0,945 k	0,098 k	9,4 r
2.	*C. peruvianus.*	Coupée depuis la veille	0,185	0,165	0,020	10,8
3.	*C. monstruosus.*	Coupée depuis plusieurs mois......	1,700	1,650	0,050	2,9
4.	*Op. Ficus indica.*	Coupée depuis plusieurs mois......	0,554	0,539	0,015	2,7
5.	*Op. Ficus indica.*	Fraîchement coupée.	0,890	0,820	0,070	7,8

D'après ce tableau, on voit que, dans les conditions indiquées, les boutures de *Cereus* et d'*Opuntia* ont perdu une partie de leur poids qui varia entre 2,7 et 10,8 pour 100. On remarquera que le *C. peruvianus* a perdu le plus, et que la différence entre la bouture fraîche et la bouture vieille a été minime (1 gramme) ; que l'*Opuntia*, avec ses rameaux simplement fasciés, a perdu le moins, mais que la différence a été très-grande (5 grammes environ) entre la bouture fraîchement coupée et la bouture ancienne. L'épiderme extrêmement résistant des Cactées que nous avions mises en expérience rend compte des différences de nos pesées comparées à celles de De Candolle.

On pourrait croire que les boutures perdent simplement une partie de l'eau qu'elles renferment, mais les modifications sont plus profondes quand le ressuyage a duré très-longtemps. Elles portent sur la composition chimique du contenu des cellules et sur l'abondance et la nature des éléments figurés de ces dernières. Nous avons été conduit en quelque sorte accidentellement à l'observation de ce fait.

Une bouture de *Cereus* attendait sur un rayon du laboratoire depuis huit mois environ ; elle avait donné des racines adventives. Dans le but de bien étudier l'origine de ces racines, nous retranchons l'extrémité inférieure de la bouture et nous la mettons en macération dans l'eau ordinaire, sous une température moyenne supérieure à 18 degrés centigr. Au lieu de voir le tissu parenchymateux de cette bouture disparaître par la macération, comme nous l'avions observé plusieurs fois, il résistait à la putréfaction, et à 2 millimètres au-dessous de la surface accidentelle, ce tissu était aussi blanc que s'il venait d'être mis dans l'eau.

Ce fait nous étonna, et nous pensâmes qu'il était difficile de l'expliquer autrement qu'en admettant une diminution considérable du contenu des cellules végétales. De même qu'un animal soumis à l'abstinence, la bouture vit aux dépens des éléments organiques contenus dans ses tissus. Quand cette *abstinence* est prolongée, les cellules se réduisent en quelque sorte à leur enveloppe cellulosique, et dès lors deviennent à peu près imputrescibles. Au surplus, nous avons pratiqué des coupes dans la bouture en question pour les examiner sous le microscope. Nous avons constaté que les cellules ne renfermaient pour ainsi diré plus de granules amylacés. L'eau iodée ne produisait plus ses effets caractéristiques. En outre, les quelques éléments figurés que présentaient encore les cellules s'offraient sous des formes cristallines variées, et non sous la forme propre à l'amidon.

Les matières organiques azotées et amylacées quittent donc les cellules parenchymateuses pendant un ressuyage prolongé. Une partie de ces matières disparaît pour servir à l'entretien des éléments anatomiques; l'autre partie n'opère probablement qu'une simple migration et se transporte sans doute vers la base de la bouture où des organes nouveaux prennent naissance. Dans tous les cas, il ressort de ce fait cette conclusion pratique qu'il ne faut pas prolonger outre mesure cette période préparatoire, autrement on s'exposera à un temps d'arrêt dans la végétation de la bouture, en supposant que la reprise se fasse aisément et que les racines se développent rapidement après la plantation.

Il ne faut pas oublier que dans les Cactées, plus que dans les autres plantes, une très-petite quantité de tissus vivants peut suffire au développement de parties nouvelles par transsubstantiation. M. Fréd. Palmer dit avoir observé un *Melocactus* qui, déposé sur l'étagère d'une serre, s'est rapidement altéré de la racine à sa partie supérieure. La plante fut réduite à un *cephalium* vidé de sa pulpe, séché à l'intérieur; malgré cela, elle poussa une proéminence de la partie que M. Palmer appelle *épidermo-tomentosique*.

§ 2.

Étudions maintenant les phénomènes anatomiques qui se passent à l'extrémité de la bouture pendant le ressuyage à l'air libre et pendant la reprise dans le sol, *c'est-à-dire* la cicatrisation provisoire et la cicatrisation définitive de la surface accidentelle des boutures.

La section de la tige ou d'un rameau de Cactée compromet les cellules ouvertes par l'instrument tranchant et une certaine partie des faisceaux fibro-vasculaires, car les cellules vidées de leur contenu et la portion des faisceaux qui est mise au contact de l'air sont vouées à une mort certaine.

1° *Modifications du tissu celluleux.* — Celui-ci appartient au parenchyme cortical, au parenchyme médullaire et à l'épiderme.

Les cellules parenchymateuses sous-épidermiques renferment des granules de chlorophylle ; les autres contiennent, pour le plus grand nombre, un protoplasma visqueux et des granules d'amidon ; pour le plus petit nombre, une substance disposée en couches concentriques, coagulable par l'alcool, que M. Trécul considère comme une gomme, ou bien un suc propre laiteux.

Les cellules gommeuses de M. Trécul, déjà désignées par Schleiden sous le nom de cellules gélatineuses (*Gallertzellen*), versent leur contenu à la surface de la coupe, ce qui donne à celle-ci, après une légère dessiccation, un reflet brillant caractéristique.

Trois ou quatre jours après la section, si la bouture a été placée dans un lieu sec, les parenchymes cortical et médullaire s'affaissent légèrement : l'épiderme se ressent de cette dessiccation ; mais, comme ses cellules à parois épaisses sont moins aqueuses que celles du parenchyme cortical, il se rétracte beaucoup moins, et forme autour de la plaie une bordure mince, légèrement renversée en dedans. La saillie de cette bordure est un peu plus marquée dans les plantes du genre *Opuntia* que dans les espèces des autres genres. Nous attribuons cette différence à celle du contenu des premières cellules de l'*hypoderme*. En effet, dans le genre *Opuntia*, toutes les cellules de la rangée extérieure de cette couche tégumentaire renferment une plaque de 0^{mm},035 à 0^{mm},050 de diamètre qui résulte de l'agglomération de petits rhomboèdres aplatis d'oxa-

late de chaux. Ces plaques cristallines donnent à la face interne
de l'épiderme un toucher analogue à celui d'un papier à l'émeri.
*Leur présence pourrait peut-être constituer un caractère du
genre Opuntia.*

Si, à ce moment, on fait des coupes microscopiques dans le
tissu parenchymateux cicatriciel, on observe trois ou quatre rangées de cellules desséchées, ratatinées, en grande partie reve-
nues sur elles-mêmes. Ces cellules ont pris une teinte jaune
brunâtre plus ou moins accusée, particulièrement prononcée
sur les éléments figurés qu'elles renferment. Les figures 3 et 5
peuvent donner une idée de ces premières modifications qui,
en somme, consistent en une simple destruction physique des
éléments mis à nu par la section. Au-dessous de ces trois
ou quatre rangées de cellules, le parenchyme est normal. Après
dix à douze jours, la couche des cellules desséchées est à peu
près dans le même état. Quant au parenchyme sous-jacent, il
offre des phénomènes de multiplication, surtout au voisinage
des faisceaux fibro-vasculaires qui se présentent sur la coupe.
Mais ces phénomènes ne sont bien accusés qu'au bout d'un
mois à un mois et demi.

Si le ressuyage se prolonge au delà de ce dernier délai, les
modifications extérieures que nous avons signalées s'accusent
de plus en plus. Le parenchyme médullaire et cortical prend
une teinte franchement grise. La couche qui recouvre extérieurement la plaie se fendille irrégulièrement, et il est possible
de l'enlever sous forme d'écailles. On sent qu'on pourrait arracher par le grattage une deuxième couche protectrice, quelquefois une troisième, voire même une quatrième, surtout si la
bouture est retranchée depuis longtemps (7, 8, 10 mois).
Il n'est pas jusqu'au tégument qui, avec le temps, ne subisse
des modifications : au pourtour de la plaie il forme souvent une
légère saillie sur la surface du reste de la plante ; cette saillie,
large de 3 à 6 millimètres, est divisée en bandes inégales dont
les teintes passent insensiblement du jaune blanchâtre au vert
naturel de l'épiderme.

Il importait d'être renseigné sur l'organisation de cette cicatrice; aussi avons-nous fait des coupes microscopiques dans son épaisseur aux différentes périodes de son développement.

a. Dans la plaie datant d'un mois à un mois et demi, la cicatrice présente de $0^{mm},250$ à $0^{mm},300$ d'épaisseur. Elle se divise en deux couches à peu près égales. Nous connaissons déjà la couche superficielle ; elle est formée de cellules vidées ou desséchées, de couleur brune. La couche profonde est constituée, suivant l'âge de la bouture, de trois, quatre ou cinq assises de cellules aplaties (*phellogènes*) encore nucléées pour la plupart. Ces cellules, analogues par la forme aux éléments producteurs du tissu subéreux, se développent par une division des cellules parenchymateuses sous-jacentes à la cicatrice. Elles mesurent de $0^{mm},020$ à $0^{mm},035$ d'épaisseur sur $0^{mm},050$ à $0^{mm},120$ de longueur, tandis que les cellules du parenchyme, irrégulièrement arrondies ou polyédriques, possèdent un diamètre moyen de $0^{mm},050$ à $0^{mm},120$.

La transformation des cellules parenchymateuses en cellules phellogènes s'opère sur toute l'étendue de la cicatrice ; mais le microscope démontre qu'elle est plus active au pourtour des faisceaux fibro-vasculaires.

b. Dans une plaie plus ancienne, la cicatrice acquiert plus de puissance ; elle peut atteindre de $0^{mm},450$ à $0^{mm},500$ d'épaisseur. Au lieu d'être divisée en deux couches seulement, elle en offre jusqu'à quatre parfaitement distinctes : 1° la couche de cellules desséchées ; 2° une couche de cellules aplaties, vides et transparentes, semblables aux cellules subéreuses ; 3° une rangée de cellules de $0^{mm},100$ de longueur sur $0^{mm},040$ de largeur, à parois très-épaisses ($0^{mm},015$ à $0^{mm},017$), poreuses, analogues aux cellules *péridermiques :* on pourrait l'appeler *sclérenchyme de la cicatrice ;* 4° une couche de cellules aplaties, nucléées, qui se confondent insensiblement avec les cellules parenchymateuses, d'où elles dérivent par scissiparité.

c. Sur des plaies encore plus anciennes, la cicatrice prend parfois un millimètre d'épaisseur. Sa surface s'exfolie naturellement, soit par l'effet de la dessiccation, soit par le gonflement des tissus sous-jacents. Une coupe intéressant toute son

épaisseur montre, lorsqu'on l'examine à un faible grossissement : 1° une forte couche superficielle de cellules desséchées,
désagrégées et infiltrées d'air ; 2° des couches alternatives de
cellules subéreuses et de cellules péridermiques à parois épaisses
et jaunâtres ; 3° enfin, une couche de cellules phellogènes. Le
nombre des couches subéreuses et des couches péridermiques
varie avec l'âge de la cicatrice. Quant à la puissance des couches
de suber, elle est d'autant plus grande que celles-ci se rapprochent davantage des tissus vivants, c'est-à-dire d'autant plus
grande que les couches sont plus récentes. Nous ferons remarquer en outre que les couches de cellules péridermiques, au
lieu d'être constituées par une seule assise, en présentent souvent deux ou trois.

Il ressort nettement, des descriptions que nous venons de
donner, que le parenchyme médullaire et le parenchyme cortical des boutures de Cactées se hâtent de se mettre à l'abri
des agents extérieurs par un tissu subéreux. Ce fait pourrait
démontrer une fois de plus, s'il en était besoin, la véracité
de l'hypothèse de Dutrochet sur l'identité de nature de la
moelle centrale et de la moelle corticale. Deux tissus qui se
comportent de la même manière et donnent naissance à des
formations nouvelles identiques sont de la même nature. Ce
principe domine l'histologie animale et végétale.

Ici, comme partout où on le rencontre, le tissu subéreux
remplit un rôle essentiellement protecteur. Son développement
sur une surface végétale accidentelle ne diffère pas de son développement dans son siége normal. Hugo de Mohl nous avait
appris que, dans le Chêne-liége, les couches annuelles de suber
sont séparées par une ou deux assises de cellules remarquables
par leur aplatissement et l'épaisseur de leurs parois. Nous
retrouvons ces cellules épaisses (*péridermiques*) dans la cicatrice du parenchyme des Cactées ; seulement, dans la cicatrice,
leur présence n'indique pas les limites d'une formation annuelle
de suber. On peut en voir deux ou trois couches séparées par
des cellules incolores dans une cicatrice qui date de huit à dix
mois. Si nous devions comparer la structure d'une cicatrice

parenchymateuse ancienne de Cactée à un organe connu, nous accepterions volontiers le tissu subéreux du *Gymnocladus canadensis*, Lamk. comme terme de comparaison. Ce tissu, en effet, est composé d'assises alternatives et peu inégales en épaisseur de suber et de périderme (Mohl, Duchartre, p. 159) ; mais les parois des cellules péridermiques sont moins épaisses que dans la cicatrice.

Quant à son évolution ultérieure, le tissu subéreux est analogue au tissu épithélial des animaux : sa formation est en quelque sorte indéfinie ; pendant qu'il se détruit par sa face superficielle, il se reproduit par sa couche profonde.

2° *Modifications du tégument*. — Dans les genres les plus répandus, le tégument des Cactées est très-solide. Il se compose d'une première rangée de cellules (*épiderme proprement dit*) couvertes extérieurement par la cuticule, et d'une couche épaisse, résistante (*hypoderme*), formée de quatre rangées de cellules irrégulières, séparées les unes des autres par une substance qui provient, ainsi que M. Trécul l'a démontré, d'une sécrétion de l'utricule primordiale. Au-dessous de cette couche, le parenchyme cortical commence par des cellules régulièrement polyédriques, munies de granules de chlorophylle.

Nous avons dit plus haut que le tégument se dessèche au pourtour de la plaie sans accompagner le parenchyme cortical dans sa rétraction. Le rebord qu'il forme se racornit de plus en plus, et, dans une plaie ancienne, finit par se briser et se détacher au moindre contact. Loin de mettre à nu une surface molle et irrégulière, la chute de ce rebord laisse une surface lisse, sèche, qui se confond en quelque sorte insensiblement avec l'épiderme normal et avec la plaie.

En étudiant une coupe faite dans une plaie ancienne, intéressant le tégument et le parenchyme voisin, on saisit l'organisation et le développement de la cicatrice de l'épiderme. On constate que la substance subéreuse qui protége le parenchyme cortical se réunit à une masse de même nature qui s'engage comme un coin entre l'hypoderme et l'épiderme. Pour que cette union ait pu s'établir, il a fallu de toute nécessité que l'hypoderme se rompit sur les limites de la partie morte et de la partie vivante. Comment s'est faite la disjonction de la portion vivante et de la portion mortifiée du tégument? D'où proviennent les cellules subéreuses qui ont soulevé la couche épidermique au voisinage de la plaie? Arrêtons-nous sur ces deux questions.

Pour bien apprécier le mécanisme de la disjonction, il faut s'adresser à des plaies peu anciennes, sur lesquelles on saisira le commencement du phénomène. Si l'on pratique une coupe mince dans des plaies de ce genre, on s'aperçoit qu'au point où s'est arrêtée la dessiccation de l'hypoderme, les cellules de cette couche présentent des signes de prolifération ; c'est-à-dire qu'au contact de la partie mortifiée, les cellules de l'hypoderme se sont transformées en tissu phellogène. Celui-ci a fourni du tissu subéreux au milieu duquel se sont développées des cellules péridermiques, ainsi qu'on le voit sur la figure 6. Ce tissu subéreux se distingue de celui du parenchyme par des cellules de plus petites dimensions.

Quant aux cellules subéreuses, qui soulèvent comme un coin l'épiderme proprement dit, au voisinage de la plaie, elles proviennent de la rangée externe de l'hypoderme. On remarque, en effet, que la cuticule et les cellules épidermiques sont intactes et simplement écartées de l'hypoderme par une formation nouvelle dont le point de départ était évidemment au bord de la plaie. Ce tissu subéreux se comporte comme celui du parenchyme, si bien que l'extrémité de la bouture est bientôt logée dans une capsule dont le bord supérieur s'insinue entre l'épiderme et l'hypoderme. Cette capsule subéreuse fait l'office d'un corps isolant, et il suffit du plus petit effort pour débarrasser la bouture des parties mortifiées. Ainsi le moignon s'enveloppe définitivement d'une couche celluleuse qui se confond avec l'épiderme des parties voisines et protége à jamais les organes sous-jacents contre l'action de l'air et des autres agents extérieurs.

Telles sont les modifications qui se passent au sein de l'épiderme. Elles sont intéressantes parce qu'elles montrent : 1° que l'épiderme peut former du tissu subéreux *dans son épaisseur et dans le sens de la longueur*, et non pas seulement à sa surface et suivant le diamètre transversal, comme on le voit normalement dans la tige ; 2° que des cellules à parois aussi épaisses que les cellules hypodermiques, malgré la masse de substance secondaire qu'elles ont déposée sur leur face externe, peuvent proliférer et donner naissance par division à des cellules nouvelles qui se transforment ensuite en suber.

Ce dernier fait ne doit pas nous surprendre, puisqu'il s'agit encore de cellules, c'est-à-dire d'éléments anatomiques qui n'ont pas encore atteint la dernière transformation dont ils sont susceptibles. D'ailleurs il a son analogue chez les animaux : les cellules du tissu cartilagineux hyalin qui ont formé la substance fondamentale qui les sépare, voire même les cellules du tissu osseux englobées dans une trame gélatino-calcaire qu'elles ont sécrétée, reviennent à l'état embryonnaire, prolifèrent et se transforment dans certaines conditions. Il est curieux de retrouver des analogies aussi frappantes entre les deux règnes.

3° *Modifications des faisceaux fibro-vasculaires.* — Pendant le ressuyage, ces faisceaux se comportent différemment au premier abord, selon la forme du rameau ou de la tige qui a fourni la bouture.

S'il s'agit d'une bouture de plante à rameaux cylindriques ou anguleux, le cercle des faisceaux fibro-vasculaires se rétractera peu ; aussi le parenchyme voisin subissant une forte déperdition de liquide, ces faisceaux formeront une saillie circulaire considérable, étroitement enclavée dans la cicatrice.

S'il s'agit d'une bouture de plante à rameaux fasciés, les faisceaux formeront une série de pointes disséminées à la surface de la plaie, parallèlement aux faces de la bouture, et séparées par du tissu cicatriciel.

S'il s'agit enfin d'une bouture de plante à tige globuleuse, la plaie se creusera en cupule, et les faisceaux fibro-vasculaires, beaucoup moins consistants que dans les plantes précédentes, suivront le tissu parenchymateux dans sa rétraction. Par conséquent, ces faisceaux ne feront aucune saillie sur la surface générale, et parfois même ils se déprimeront plus que le parenchyme.

Ces modifications grossières se saisissent immédiatement lorsqu'on jette les yeux sur la plaie d'une bouture, mais elles sont de peu d'importance ; il est beaucoup plus intéressant de poursuivre les modifications de ces faisceaux dans la profondeur des tissus vivants et de voir ce qu'ils deviennent à la suite d'un ressuyage prolongé.

Quelle que soit la Cactée que l'on envisage, l'altération des faisceaux accidentellement découverts ne s'arrête pas à la surface de la cicatrice du tissu parenchymateux. En faisant une coupe parallèle à l'axe de la bouture, on constate aisément que la couleur des faisceaux fibro-vasculaires est modifiée au-dessus de la cicatrice, au milieu même du parenchyme vivant. Sur une pièce macérée, on remarque que la limite de l'altération des faisceaux forme une ligne sinueuse au-dessus de la cicatrice ; d'où l'on conclut que l'altération s'étend plus ou moins profondément, selon que les faisceaux sont probablement plus ou moins riches en tissu cellulaire.

Tout d'abord l'altération consiste en une simple dessiccation qui procède de bas en haut. Les cellules fibreuses du prosenchyme se remplissent d'air ; les vaisseaux spiralés et réticulés en font autant. Un peu plus tard, quand on place les faisceaux sous le microscope, on s'aperçoit que les parois de leurs cellules fibreuses ou de leurs vaisseaux ont pris une couleur jaunâtre, et que le contenu des premières renferme parfois des granulations irrégulières de teinte brune.

En un mot, l'extrémité des faisceaux fibro-vasculaires se mortifie comme la portion d'un os qui ferait saillie hors du moignon à la suite d'une amputation. Mais à côté des phénomènes de mortification que présente le corps ligneux au voisinage de la plaie, on observe des formations nouvelles. Des cellules nucléées passant aux cellules subéreuses se développent autour des faisceaux altérés, tendent à les pénétrer de manière à isoler les parties mortes des parties vivantes. Ce travail d'élimination s'achève surtout dans le sol, lorsque la bouture a été plantée, aussi l'étudierons-nous dans le paragraphe suivant.

B. — Cicatrisation définitive de la bouture.

Nous sommes fixé sur l'aspect de la plaie après un ressuyage plus ou moins prolongé ; voyons ce que deviendra cette plaie après trois semaines ou un mois de végétation dans le sol.

Sa surface deviendra brunâtre par l'association de particules terreuses aux lamelles superficielles de la cicatrice provisoire. Si la saison a été favorable, elle laissera sortir des racines adventives déjà passablement ramifiées. Jusque-là rien d'étonnant ; mais, après un lavage soigné de la bouture, on sera tout surpris de remarquer : 1° la disparition de la bordure épidermique, qui est remplacée par une surface arrondie ; 2° la destruction totale ou partielle de tous les faisceaux fibro-vasculaires desséchés, en saillie sur la plaie, après le ressuyage. La saillie de ces faisceaux est alors remplacée par une légère dépression.

Tels sont les changements extérieurs subis par la plaie ; poursuivons-les plus profondément, en étudiant avec les instruments grossissants des coupes faites dans les différents points de cette cicatrice définitive.

1° *Modifications du tissu parenchymateux.* — La cicatrice définitive du tissu parenchymateux ne diffère pas de la cicatrice provisoire, surtout après un ressuyage prolongé. Elle comprend toujours : une couche de cellules phellogènes ; une couche, au moins, de cellules subéreuses ; et une assise au moins de cellules péridermiques. Si la bouture est plantée depuis longtemps, le nombre et l'épaisseur des couches péridermiques peuvent augmenter, ainsi que le nombre des couches de suber.

2° *Modifications du tégument.* — La chute de la partie desséchée du tégument est un effet du ramollissement opéré par le contact de la terre humide avec des éléments végétaux mortifiés. Au-dessous, la cicatrisation est complète et telle que nous l'avons déjà décrite. Cette cicatrisation définitive est

8

capable de s'opérer à l'air, mais habituellement elle s'accomplit dans le sol.

3° *Modifications des faisceaux fibro-vasculaires.* — Sur des coupes de la cicatrice passant à travers les faisceaux fibro-vasculaires, on constate que ces faisceaux se perdent dans le tissu de la cicatrice, et qu'au-dessous de celle-ci existent des débris de vaisseaux et de fibres prosenchymateuses associés à des pellicules péridermiques et subéreuses.

Ce premier examen démontre que, pendant la cicatrisation définitive de la bouture, le tissu ligneux des Cactées se recouvre d'une cicatrice analogue à celle du parenchyme. En s'établissant, cette cicatrice détermine l'élimination de la partie des faisceaux détruite par la dessiccation.

Semblable aux tissus animaux, le parenchyme des Cactées se débarrasse des parties mortifiées par un processus que nous allons décrire. On saisira ce processus sur des coupes horizontales pratiquées à des hauteurs différentes à partir de la surface libre de la cicatrice, chez des boutures dont le ressuyage a été long.

Pendant ce ressuyage, la mortification a gagné des parties assez profondément engagées dans le parenchyme (à 2, 3 ou 4 millimètres). Les faisceaux mortifiés agissent alors comme des corps étrangers, irritent le tissu parenchymateux périphérique qui prolifère et forme plusieurs couches de cellules phellogènes. Ces cellules fournissent du suber et même des cellules péridermiques au contact des faisceaux fibro-vasculaires en voie de destruction.

Ce travail commence dans les rayons médullaires; il gagne ensuite la profondeur des faisceaux sur la limite de la partie desséchée. On sait en effet que du tissu cellulaire s'insinue entre les vaisseaux et les fibres des faisceaux ligneux dans les Cactées. Déjà en 1843 Miquel faisait observer que « lorsqu'on dessèche une mince coupe transversale (du cercle ligneux d'un *Melocactus*), on remarque, de distance en distance, des zones concentriques plus pâles, très-tendres, mais interrompues ». Ces zones pâles, ajoute Miquel, sont composées de tissu cellulaire, et offrent sans doute de l'analogie avec les cercles celluleux concentriques qui séparent les couches de bois de certaines Dicotylédonées. Depuis cette époque, M. Regnault a montré (1) que dans le groupe des Cyclospermées, auquel appartiennent aujourd'hui les Cactées, la tige présente un mélange de bois et de tissu générateur.

Puisque les faisceaux ligneux sont comme infiltrés de tissu cellulaire, on conçoit aisément que le processus dont nous avons parlé les atteigne jusqu'à leur centre. La formation d'un tissu nouveau vers le point de contact de la partie vivante des faisceaux avec la partie morte aura pour résultat de les comprimer, de les séparer les uns des autres, et, plus tard, de les distendre et de les rompre dans la partie la plus fragile, c'est-à-dire sur la limite de la dessiccation.

En résumé, on voit que la partie mortifiée des faisceaux agit sur le parenchyme végétal comme une épine sur les tissus animaux dans lesquels elle serait plongée. Dans les deux règnes, un travail éliminateur s'établit autour de la partie étrangère. Dans les deux règnes encore, si ce travail n'aboutit pas, il réussit au moins à enkyster le corps étranger et à l'isoler complétement des tissus vivants. Ainsi, il ne faudrait pas croire que ce tissu protecteur et éliminateur ne se développât qu'autour des organes mis en contact manifeste avec l'extérieur. Plusieurs fois il nous est arrivé de rencontrer, principalement dans des tiges d'*Echinopsis*, des faisceaux ligneux noirâtres, durs sur une partie de leur longueur. En étudiant ces faisceaux altérés, nous avons observé qu'ils étaient enveloppés d'une couche de tissu subéreux avec une rangée de cellules péridermiques située immédiatement à leur contact.

Les faits que nous venons de signaler et d'interpréter ne sont pas sans précédent. Ainsi, dans le travail de Miquel (*Structure des Melocactus*), nous lisons le passage suivant : « Je dois encore mentionner ici un phénomène morbide particulier. En coupant la partie inférieure du tronc, je trouvai, au milieu de

(1) *Annales des sciences naturelles*, 4ᵉ série, t. XIV, p. 73.

la portion charnue des côtes, des taches d'un brun noir, irrégulières, qui, vues de plus près, offraient des membranes coriaces, tenaces, doublement plissées, et en quelque sorte enfoncées dans le *Cactus;* on aurait pu les considérer comme des fragments d'épiderme sec qui se seraient introduits dans le Cactus vivant après s'être détachés des individus voisins morts, comme on l'a remarqué à l'égard d'autres plantes dicotylédones. Un examen plus attentif m'a fait reconnaître que ces membranes brunes commençaient toujours à se former auprès d'un point arrondi et mort appartenant à la surface verte de la côte (où il n'est pas rare de voir un petit trou), et que de là elles s'étendaient en s'accroissant vers l'intérieur du tronc. J'y vis des fils semblables à des Champignons, et entre les deux lames de ces membranes se trouvait un mycélium noir. Je n'ai pas réussi à découvrir la cause déterminante de ce phénomène, mais je suis convaincu que ces membranes durcies sont le tissu cellulaire desséché et mort du Cactus lui-même. La santé des plantes ne paraît pas en être affectée. » Malgré l'absence de données microscopiques, nous n'hésitons pas à voir dans cette description le résultat de l'isolement d'une partie mortifiée des tissus végétaux, autrement dit un fait analogue à celui que nous avons observé.

De plus, dans la séance du 23 avril 1858, M. Decaisne présentait à la Société botanique de France des corps durs qui s'étaient développés dans une vieille tige de *Cactus pycnoxiphus* ou *Echinocactus pycnoxiphus* Lem. Ces corps coralliformes, semblables à certaines stalactites, marchaient de l'écorce vers le parenchyme cortical, et, franchissant le cercle fibro-vasculaire au niveau d'un rayon médullaire, pénétraient au sein de la moelle. Ils atteignaient parfois la grosseur du petit doigt. Composés au centre par du tissu cellulaire analogue au tissu de la moelle, ils étaient enveloppés d'un épiderme épais et coriace formé de plusieurs couches de cellules tabulaires et d'une ou deux rangées de longues cellules cylindriques, à parois épaisses, plus ou moins privées de pores, perpendiculaires à l'axe de la concrétion. M. le professeur J. E. Planchon a bien voulu mettre à notre disposition un fragment de ces productions qu'il tenait de M. Decaisne. Nous l'avons étudié, et nous sommes arrivé aux mêmes conclusions que le professeur du Muséum, à savoir : que nous regardons ces excroissances comme anormales et morbides.

Nous ajouterons que M. J. E. Planchon nous a fait aussi parvenir un fragment de la tige d'un *Erodium petræum*, dans laquelle il avait observé des parties tellement dures, qu'il les désignait sous le nom de concrétions. L'observation de M. Planchon est inédite, mais nous dirons que les examens microscopiques nous ont démontré que ces parties dures étaient formées par des faisceaux fibro-vasculaires mortifiés, colorés en rouge brun, entourés d'une couche épaisse de petites cellules tabulaires vides, comme celles du suber. Sur la limite des faisceaux fibro-vasculaires et du suber, les éléments anatomiques étaient imprégnés d'une matière colorante soluble dans l'eau, analogue à l'orseille (1).

Enfin, nous savons que M. Prillieux a décrit, autour des lacunes remplies de gomme, chez les arbres fruitiers, des cellules allongées et aplaties qui paraissent avoir pour but de circonscrire le mal.

Nous ne chercherons pas davantage dans les recueils scientifiques, car il est évident que ces faits, réunis à ceux qui nous appartiennent, prouvent que, dans les végétaux, toute partie mortifiée est isolée des parties vivantes par un tissu subéreux. Si la partie mortifiée arrive jusque sur une surface naturelle ou accidentelle, elle est pour ainsi dire éliminée ; si elle est plongée au sein des organes, elle est englobée par le tissu subéreux, comme un *séquestre* ou un corps enkysté chez les animaux. Formation de tissu subéreux, tel est donc le moyen employé par le végétal pour fermer ses plaies et pour chasser les corps étrangers qui le pénètrent. Seulement, dans notre esprit, tous les tissus végétaux ne sont pas aptes à produire le suber ; quand

---

(1) Nous sommes heureux de témoigner ici notre reconnaissance à M. le professeur Planchon pour l'obligeance avec laquelle il a mis ces échantillons à notre disposition.

leurs éléments anatomiques sont autres que des cellules pourvues de protoplasma, nous les croyons incapables de revenir à l'état cellulaire et de se transformer.

S'il fallait en croire M. Lestiboudois, « la formation du liége ne s'arrête pas à la région des zones du parenchyme. Le liége est formé *aux dépens de tous les tissus*, même *des couches fibreuses;* il n'est pas un organe ajouté aux autres, mais il les remplace; il n'est pas un de leurs produits, il est les tissus mêmes transformés. » Il ne nous paraît pas possible d'accepter que le suber puisse résulter de la transformation des couches fibreuses de l'écorce. Les fibres, en effet, procèdent déjà de la transformation de cellules; elles représentent la dernière étape de leur vie, et, quand les cellules y sont parvenues, elles n'ont plus qu'à subir quelques modifications dans leur composition en tant que fibres, et à mourir.

Nous n'avons jamais vu, sur nos coupes, des fibres ou des vaisseaux passant à l'état de cellules tabulaires. Les transformations s'établissaient toujours autour des faisceaux ligneux, et si, dans les Cactées, elles atteignent le centre des faisceaux, c'est grâce au tissu cellulaire qui pénètre entre les vaisseaux et les fibres. Voit-on jamais la coupe des boutures ligneuses des Dicotylédonées ordinaires se couvrir de suber au niveau du bois? Si le bois en est quelquefois protégé, c'est par un bourrelet qui dérive du parenchyme cortical. D'un autre côté, M. Trécul a démontré que lorsque l'aubier et la face interne du liber ont été mis à nu, les formations cellulaires nouvelles n'apparaissent qu'au niveau des points pourvus de cellules (rayons médullaires, bords de la plaie, points munis de vestiges de la couche génératrice) et non sur un point quelconque des surfaces accidentelles.

A l'appui de notre opinion, nous citerons celle de M. Casimir de Candolle, qui a vu, comme M. Lestiboudois, le liége prendre naissance tantôt dans la couche cellulaire, tantôt dans la couche libérienne du *Quercus*, mais qui a constaté aussi que, dans cette plante, les fibres libériennes sont entremêlées de parenchyme. Cette particularité de l'organisation autorise légitime ment à croire que le suber prend naissance aux dépens du parenchyme libérien et écarte purement et simplement les fibres libériennes. Nous avons observé nous-même la reproduction de l'écorce sur la tige d'un jeune Saule qui avait été blessé jusqu'au liber. L'écorce nouvelle avait repoussé au dehors ou englobé les fibres libériennes ; mais il était évident que ces fibres ne s'étaient pas transformées.

Toutefois nous devons ajouter que M. Trécul a déclaré que, dans quelques cas, de jeunes vaisseaux peuvent se métamorphoser et donner naissance à de nouveaux éléments. Mais nous nous demandons si les vaisseaux observés par M. Trécul avaient quitté l'état cellulaire, ou bien si ce botaniste, malgré son talent comme micrographe, n'aurait pas pris des vaisseaux en voie de formation pour des vaisseaux en voie de transformation. Au surplus, c'est dans la couche de bois la plus jeune que ces transformations avaient été observées. Or, c'est précisément dans cette couche que des cellules (fibreuses si l'on veut) sont encore mélangées aux véritables éléments fibreux et vasculaires. Aussi craignons-nous que M. Prillieux ne se soit abusé lorsqu'il a admis que les éléments fibreux de l'anneau ligneux le plus jeune de la tige d'un *Wigandia* de deux ans avaient formé un bourrelet sur la coupe de cette plante. Rien ne prouve irréfutablement que le bourrelet dont a parlé M. Prillieux ne dérive pas de la couche la plus interne de la zone génératrice pour déborder ensuite sur l'anneau ligneux.

Nous nous résumerons en disant que, pas plus chez les végétaux que chez les animaux, les formations nouvelles ne peuvent dériver d'éléments parvenus à l'état de fibres. Nous nous trouvons d'accord, sur ce point, avec M. Hétet (1), qui termine un mémoire sur des recherches d'organogénie entreprises en vue d'une étude de l'accroissement de l'axe des végétaux, par la phrase suivante : « Il se forme des faisceaux fibreux et des vaisseaux partout où il existe, dans le végétal, des cellules assez jeunes et douées d'assez de vitalité pour se reproduire ou pour

(1) Hétet, *Recherches expérimentales sur la formation des couches ligneuses* (*Ann. des sc. nat.*, 4ᵉ série, t. XVI, p. 218).

former de nouveaux organes, mais il ne s'en forme que là où se trouvent ces cellules animées. »

En un mot, tant qu'une cellule renfermera du protoplasma, quelles que soient sa forme et l'épaisseur de ses parois, elle pourra se transformer ou proliférer ; toute modification cessera dès que le contenu protoplasmique aura disparu. Les observations que nous avons faites en étudiant la cicatrisation de nos boutures confirment ces principes généraux.

CHAPITRE II.

APPARITION DES RACINES ADVENTIVES SUR LES BOUTURES.

§ 1.

Des phénomènes qui précèdent l'enracinement des boutures.

On ne voit pas, à l'extrémité inférieure de la bouture des Cactées, le bourrelet qu'on observe habituellement sur les autres plantes. Nous devons dire, pour être exact, que si les boutures de Cactées n'offrent pas de ces gibbosités ou de ces gonflements irréguliers et cellulaires, on trouve peut-être, sur des boutures abandonnées longtemps en ressuyage, une trace de ces productions. En effet, la cicatrice du parenchyme médullaire ou du parenchyme cortical, d'abord affaissée au-dessous de la coupe des faisceaux fibro-vasculaires et de l'épiderme, prend quelquefois çà et là une surface bombée. Des racines adventives apparaîtront plus tard au niveau de ces points saillants.

Il y a donc, dans certaines boutures de Cactées, sinon un bourrelet véritable, du moins un travail qui tend au développement d'un bourrelet. Dans tous les cas, ce bourrelet qui, aux yeux des horticulteurs et des arboriculteurs, jouerait un si grand rôle dans l'enracinement de la bouture, serait fort peu important chez les Cactées.

§ 2.

Influence du parenchyme et des milieux sur l'apparition des racines.

Quoi qu'il en soit du développement du bourrelet, les racines adventives n'en apparaissent pas moins avec une grande rapidité sur les boutures de nos Cactées.

Nous confirmerons ici la remarque faite depuis longtemps que les plantes les plus riches en tissu parenchymateux poussent le plus facilement des racines adventives. Ainsi, les *Cereus*, les *Echinocactus*, les *Melocactus*, les *Echinopsis*, même les *Opuntia* à rameaux épais, développent des racines adventives plus rapidement que les *Phyllocactus* et les *Epiphyllum*, et surtout plus rapidement que les *Rhipsalis* et les *Peireskia*.

Assez indifférentes pour le milieu, les boutures de Cactées forment des racines dans l'air, dans l'eau et dans la terre.

Nous ne saurions dire si elles se forment plus vite dans la terre que dans l'eau, tellement ce travail est rapide dans l'un et l'autre milieu, quand les conditions de température sont favorables. Pourtant nous inclinons à croire que les racines se forment plus promptement lorsque la bouture baigne dans l'eau par son extrémité. C'est assurément dans l'air sec que ce travail est le plus lent; il commence pourtant dès que la bouture est coupée.

§ 3.

Causes de l'enracinement des boutures.

Tout organe séparé de la plante mère tend, plus ou moins heureusement, à *s'individualiser*. Cette tendance, très-prononcée déjà chez les animaux inférieurs, est encore plus accentuée parmi les végétaux. Chez eux, en effet, il n'y a pas un centre unique tenant sous sa dépendance les fonctions nutritives; il n'y a, en quelque sorte, que des éléments anatomiques vivant chacun pour leur propre compte et au profit de l'agrégation dont ils font partie. En conséquence, une feuille, un rameau isolés du pied mère cicatriseront d'abord la plaie qui résulte de leur séparation, puis formeront les organes qui leur manquent pour vivre d'une vie indépendante. Si le membre détaché renferme des éléments anatomiques non encore spécialisés, c'est-à-dire des cellules pourvues de toutes leurs parties constituantes essentielles, il parviendra à se pourvoir d'organes nouveaux. Dans les cas pris comme exemples, ces derniers seront des racines adventives. Quelles sont les causes qui éveillent leur développement?

Elles paraissent simples quand on envisage la bouture.

La surexcitation des éléments de la couche génératrice par la séparation de la bouture; la stagnation, au niveau de la plaie, des sucs nutritifs élaborés dans la partie supérieure du rameau, telles sont les causes qui ont paru évidentes aux horticulteurs. Les hommes pratiques sont tellement convaincus de l'importance de ces causes, qu'ils s'attachent à produire le plus longtemps possible la surexcitation des éléments anatomiques et la stagnation des sucs pour favoriser la reprise des boutures.

Il est vrai que, règle générale, les racines adventives partent d'un point voisin de la surface accidentelle, d'un point qui offre habituellement tous les signes d'une accumulation de matériaux nutritifs. Il est vrai encore que l'on voit souvent des racines adventives sortir d'un point de la tige qui a été le siége d'une contusion, d'une violence quelconque capable de surexciter la couche génératrice. Ainsi, nous avons observé des racines adventives sur la tige d'un *Cereus monstruosus* végétant en pleine terre, à 0^m,70 au-dessus du sol, dans des points qui avaient été préalablement contusionnés par des grêlons. Mais ces causes sont loin d'être toujours aussi évidentes. Par exemple, on rencontre des racines adventives sur des *Cereus* qui végètent dans une serre, à l'abri des chocs et des accidents de toutes sortes. M. D. Clos a fait connaître, l'année dernière, un cas de développement extraordinaire de racines aériennes sur un *Cereus rostratus*.

Ces racines se faisaient en outre remarquer par leur indifférence à prendre telle ou telle direction. Récemment nous avons observé nous-même deux faits semblables sur un *Rhipsalis crispata* et sur un *Epiphyllum truncatum*.

Nous avons dit aussi précédemment que les pousses latérales des *Echinopsis* développent des racines à leur base pendant qu'elles tiennent encore au pied mère. Enfin, on sait qu'il suffit qu'un article d'*Opuntia* soit couché sur un rayon de serre pour que sa face inférieure se garnisse de jeunes racines. Dans ces conditions, il faut en convenir, la surexcitation de la zone génératrice n'est pas indiscutable.

Nous devons donc conclure : que la surexcitation de la zone génératrice n'est pas toujours une cause évidente de la formation des racines adventives; et qu'alors il paraît rationnel d'admettre chez les Cactées, à l'exemple de M. Trécul pour certaines autres plantes, l'existence de points plus ou moins rapprochés où des racines à l'état latent se développeront sous l'influence de plusieurs conditions dont quelques-unes nous échappent, mais parmi lesquelles nous placerons la chaleur et l'humidité.

§ 4.

Des points de la bouture où se montrent les racines adventives.

Dans ce paragraphe, nous nous proposons d'étudier l'origine apparente des racines adventives.

D'après le lieu où elles se montrent, nous divisons les racines adventives en *ordinaires* et *hétérotopiques*.

A. Les racines *ordinaires* apparaissent dans les points où l'on rencontre habituellement les racines adventives des boutures.

Ces points varient avec la forme des tiges ou des rameaux des Cactées. Sous ce rapport, il est possible de ranger les plantes de cette famille autour de cinq types principaux :

1er *type*. — Tige allongée, plus ou moins profondément cannelée (*Cereus*).

2e *type*. — Tige déprimée, cannelée ou mamelonnée (*Echinocactus, Echinopsis, Melocactus, Mamillaria*)

3ᵉ type. — Tige fasciée et épineuse sur les bords (*Phyllo-cactus, Epiphyllum*).

4ᵉ type. — Tige fasciée et épineuse sur les faces (*Opuntia*).

5ᵉ type. — Tige plus ou moins articulée, irrégulière-ment cylindrique, épineuse ou non épineuse (*Rhipsalis, Peireskia*) (1).

1° et 2° Dans les plantes des premier et deuxième types, les racines adventives se développent ordinairement au voisinage de la cicatrice des boutures. Si ces dernières sont plantées après un court ressuyage, les nouvelles racines se forment toutes à une très-petite distance de la cicatrice ; mais si le res-suyage se prolonge beaucoup, les racines peuvent se développer à des distances parfois assez considérables de la cicatrice. Une bouture de *Cereus peruvianus* était abandonnée sur une étagère de notre laboratoire depuis l'automne de 1873. Au mois de juillet 1874 on la divise en deux fragments. Le fragment infé-rieur est soumis à la cuisson, puis à la macération. Lorsque le tissu parenchymateux est détruit, on voit des racines ad-ventives à 0ᵐ,003, 0ᵐ,005, 0ᵐ,010, 0ᵐ,020 au-dessus de la cicatrice, et d'autres fixées sur la face externe des faisceaux

---

(1) En rangeant ces deux genres dans un groupe particulier, nous n'obéissons pas seulement à des considérations tirées des caractères extérieurs. En effet, la structure de la tige de ces plantes s'éloigne de celle des autres Cactées. Sur la coupe transversale d'une longue pousse de *Rhipsalis crispata*, on observe que la couche génératrice est comprise entre un faisceau fibro-vasculaire et un faisceau libérien (voy. fig. 9), comme dans la plupart des Dicotylédones ; de plus, dans l'épaisseur du parenchyme cortical, à peu près sur les limites d'une couche pourvue de chlorophylle et d'une autre couche qui en est presque dépourvue, on aperçoit de petits faisceaux libériens (probablement) alternes avec les faisceaux de l'étui médullaire. Une coupe de *Peireskia* présente aussi des faisceaux libériens en dehors de la couche génératrice, mais ils sont moins uniformes et moins volumineux que dans le *Rhipsalis ;* il faut dire aussi que les faisceaux fibro-vasculaires s'y touchent presque tous, et que les rayons mé-dullaires sont insignifiants. Or, on ne trouve pas de liber dans les autres Cactées. Sa présence dans les *Rhipsalis* et les *Peireskia* constitue donc une différence importante. Ajoutons que les fibres ligneuses prédominent dans ces plantes parmi les vaisseaux spiralés. En résumé, les *Rhipsalis* et les *Peireskia* au-raient peut-être, par la structure de la tige, de plus grandes analogies avec les Tétragoniées et les Paronychiées qu'avec les genres *Cereus, Opuntia*, etc.

fibro-vasculaires à 0^m,07, 0^m,08, 0^m,10, et même 0^m,12 des premiers.

Ces faits paraissent favorables à l'opinion de M. Trécul sur les racines latentes. On sait que ce botaniste accepte l'existence, dans certaines plantes, à des places déterminées, de *bourgeons* de racines, ou mieux de racines adventives *latentes*. Dans nos boutures, l'excitation qui procède de bas en haut, à partir de la plaie, semble éveiller ces bourgeons latents et hâter leur développement en racines.

3° Sur les articles intacts des Cactées à tige fasciée, épineuse ou à peine épineuse sur les bords, les racines adventives se développent habituellement au voisinage des articulations. Dans l'*Epiphyllum*, les racines ne se forment pas en dehors des points que nous venons de signaler, à moins qu'on n'ait entamé l'épiderme et le parenchyme cortical. Sur des articles isolés de *Phyllocactus*, nous avons vu des racines prendre naissance aux deux extrémités. A l'extrémité inférieure, atténuée comme une sorte de pétiole, ces nouveaux organes apparaissaient sur toute la circonférence de l'article, tandis qu'à l'extrémité supérieure où les faisceaux fibro-vasculaires sont à peu près tous rassemblés sous forme de côte médiane, les racines ne se montraient qu'à droite et à gauche du sommet.

Quand on plante, après ressuyage, des articles mutilés d'*Epiphyllum*, les racines apparaissent sur la plaie autour des faisceaux fibro-vasculaires rassemblés au milieu de l'article. Dans les mêmes conditions, la partie rétrécie des articles de *Phyllocactus* émet des racines qui sortent à travers la cicatrice de la médulle externe. Jamais les racines ne se forment en face des faisceaux d'épines disséminés à la surface de ces plantes. Sous ce rapport, les Cactées à rameaux fasciés et épineux sur les bords se rattachent plutôt aux *Cereus*, *Echinopsis*, *Mamillaria* qu'aux *Opuntia*. Aussi plusieurs botanistes, parmi lesquels se trouve A. P. de Candolle, plaçaient-ils les Epiphylles et les Phyllocactes dans le genre Cierge. Au surplus, les Epiphylles ont la corolle en tube allongé, comme les Cierges, les *Mamillaria* et les *Echinopsis*.

4° Les Cactées à rameaux fasciés plus ou moins épineux sur leurs deux faces présentent quelquefois des articles rétrécis à leur base.

Quelle que soit la forme des articles, s'ils sont intacts, les racines adventives ne se développeront jamais au voisinage de leurs extrémités. Elles apparaîtront toujours sur les faces, à la base des faisceaux d'épines. Si les articles ont été divisés dans leur continuité et plantés après ressuyage, les racines se montreront encore habituellement sur les faces, à une distance variable de la cicatrice.

5° Dans les plantes du cinquième type, les racines adventives ordinaires se montrent à l'extrémité inférieure des boutures ou sur des points variables de leur continuité, comme chez les Cactées à tige allongée et cannelée.

Tels sont les points où apparaissent habituellement les racines adventives sur les boutures de Cactées en ressuyage ou plantées.

B. Parlons maintenant, avec plus de détails, des *racines hétérotopiques*.

Les botanistes savent que toutes les parties d'un végétal : racine, tige, feuilles, fleurs, fruits, sont aptes à produire des racines adventives. Mais, sur la tige en particulier, ces racines n'ont été réellement constatées qu'au-dessous du parenchyme cortical, à la surface externe de l'étui médullaire (1). Toutefois, en février 1869, M. Duchartre saisit la Société botanique de France d'un cas de développement de *racines adventives médullaires*, observé par M. Le Jolis (de Cherbourg) sur la tige de l'*Œnanthe crocata*.

Les racines médullaires observées par M. Le Jolis partaient des deux faces de la cloison qui sépare les entre-nœuds de l'*Œnanthe crocata* et s'étendaient verticalement jusqu'à l'articulation la plus voisine. Quelques mois après, M. Duchartre, ayant pu étudier une tige intacte de cette plante, s'aperçut que

---

(1) Nous ne parlons pas des racines développées dans des troncs d'arbres creusés par le temps, car les conditions dans lesquelles ces racines s'étaient formées n'ont pas été nettement déterminées.

les filets blanchâtres, arrondis, qui avaient été pris pour des racines, n'étaient que des faisceaux fibro-vasculaires devenus libres après la rétraction de la moelle.

Nous croyons donc signaler un fait nouveau en annonçant que plusieurs Cactées nous ont offert des racines adventives que nous appellerons *médullaires*, non pas qu'elles se fussent développées à l'intérieur du canal de ce nom, comme les prétendues racines de l'*Œnanthe crocata*, mais à la surface de la moelle, sur l'extrémité inférieure de quelques boutures.

1° Voici notre première observation :

Observation I. — Au mois de septembre 1873, on retranche un rameau d'un gros et vieux pied de *Cereus monstruosus*, et on le dépose sur un rayon, dans une serre, où il passe l'automne et l'hiver. Au mois de mars 1874, la surface de section se présente sous l'état que nous avons décrit plus haut : saillie du cercle fibro-vasculaire ; dépression du parenchyme médullaire et cortical ; aspect grisâtre, écailleux. En outre, elle présente des racines adventives ordinaires, disposées en trois groupes, en dehors du cercle fibro-vasculaire. Ces racines sortent de la profondeur du parenchyme cortical ; elles sont longues de 8 à 10 ou 12 millimètres, grosses de 3 à 4, légèrement fusiformes, d'un gris verdâtre et écailleuses à la surface. Quelques-unes possèdent, à leur sommet, une très-petite pousse d'un tissu délicat. Ce n'est pas tout. Elle montre encore deux racines adventives sur la partie de la coupe qui répond à la moelle. De mars à fin avril on en voit apparaître jusqu'à huit. Ces racines ont la même forme et le même aspect que celles qui ont pris naissance au dehors du bois. Éprouvant une certaine résistance à soulever la couche extérieure de la cicatrice, elles se sont étendues horizontalement au-dessous de cette dernière, au lieu de la traverser en conservant leur rectitude.

Depuis la constatation de ce premier fait, nouveau et inattendu, nous nous sommes attaché à le reproduire. Dans ce but nous avons suivi de nombreuses boutures de *Cereus* pendant leur ressuyage ; deux d'entre elles seulement nous ont fourni des racines adventives médullaires.

Observation II. — Un long rameau de *Cereus peruvianus* est coupé en automne 1873. Au mois de mai 1874, la surface de section est parfaitement cicatrisée ; elle ne montre pas encore de racines adventives.

On plante cette bouture dans un vase et on l'arrose selon les besoins.

Le 10 juillet, on arrache la plante pour examiner son extrémité. On trouve celle-ci garnie de racines longues et ramifiées. Parmi les racines primaires, une fort belle se détache du milieu de la moelle.

Observation III. — Un grand rameau de *Cereus monstruosus* ($0^m,70$ de longueur) est coupé à la même époque que le précédent. Le 8 mai 1874, on examine la plaie ; elle est parfaitement cicatrisée et n'offre pas de racines adventives. Le 15 juillet, on aperçoit plusieurs faisceaux de racines au pourtour du cercle fibro-vasculaire. Rien sur la moelle. Le 10 novembre, le nombre des racines adventives a augmenté ; toujours rien sur la moelle. Une année s'écoule sans modifications importantes. Au mois de juillet 1875, on s'aperçoit que la cicatrice de la moelle devient convexe ; elle finit par se déchirer au centre et à laisser sortir une jeune racine adventive. Au bout de quelques jours, plusieurs saillies annoncent l'apparition de nouvelles racines médullaires.

Vers la fin de juillet, notre bouture tombe du haut d'une étagère sur son extrémité inférieure. La couche superficielle de la cicatrice est écrasée, en partie soulevée, les jeunes racines médullaires fortement contusionnées ; une partie du parenchyme cortical est enlevée, sur une largeur de 3 centimètres et une hauteur de 5 centimètres. Il s'est donc produit deux plaies, l'une médullaire, l'autre corticale.

Au fond de la plaie corticale : les faisceaux fibro-vasculaires sont complétement dénudés ou recouverts d'une légère couche de tissu cellulaire. Là ils se dessèchent, ici ils se cicatrisent à leur surface. La moelle se cicatrise également.

Trois mois plus tard, en octobre 1875, on constate qu'il s'est formé un nombre considérable de nouvelles racines adventives médullaires. Bien plus, d'autres racines, dont le point de départ est entre les faisceaux, se détachent perpendiculairement de la surface dénudée du cercle fibro-vasculaire. On remarque encore trois racines implantées sur la face interne de l'étui médullaire. Tout cela indépendamment de nombreuses racines ordinaires et de quelques autres organes semblables qui sortent de la mince couche de parenchyme cortical étalé encore sur les faisceaux fibro-vasculaires, au fond de la plaie latérale.

La contusion de l'extrémité de cette bouture, que nous regrettions vivement d'abord, a provoqué ce développement extraordinaire de racines adventives. Aucune de nos pièces ne fut aussi intéressante et ne nous fournit un si grand nombre de matériaux.

En résumé, voilà trois boutures de Cactées à tige allongée et anguleuse, pourvue d'une moelle abondante, qui nous présentèrent des racines adventives médullaires. Une d'entre elles nous donna même des racines à la face interne de l'étui médullaire et entre ses faisceaux fibro-vasculaires. Eu égard au nombre des expériences que nous avons faites, on peut dire que l'apparition de racines médullaires n'est pas un accident bien rare. Peut-être l'aurions-nous vu plus souvent si nous eussions conservé plus longtemps nos sujets d'observation.

2° Nous avons recherché ensuite si des Cactées à moelle abondante, mais à tige déprimée, présenteraient des phénomènes semblables.

Tout d'abord nous nous sommes adressé à un représentant très-répandu et très-robuste de ce type, l'*Echinopsis multiplex*.

Observation IV. — Le 22 août 1874, on retranche le sommet d'un *Echinopsis multiplex* de 8 centimètres de diamètre. Lorsque la surface accidentelle est protégée par une couche résistante, on plante cette bouture.

A la fin du mois de septembre, on arrache la bouture : la cicatrisation marche bien ; on voit plusieurs racines adventives en dehors du bois, et une qui semble se détacher de la surface de la moelle. On replante aussitôt. Le 3 novembre, on procède à un nouvel examen : surface accidentelle fortement excavée en godet, partout protégée par une couche blanche et résistante ; l'extrémité des faisceaux fibro-vasculaires fait une saillie à peu près circulaire ; quinze racines adventives se sont développées dans la région habituelle ; deux autres sortent de la moelle.

Observation V. — Le 10 décembre 1874, on fait une bouture d'*Echinopsis*. Le ressuyage se prolonge jusqu'au 11 février 1875. A cette date, la bouture est un peu flétrie ; toutefois la moelle est bombée et plus ferme que le parenchyme cortical. On la plante dans un vase et on l'arrose. Au bout de quelques jours la bouture redevient turgescente. Au mois de mai, elle grossit de jour en jour. On l'arrache pour en examiner l'extrémité inférieure : on y trouve plusieurs racines adventives ordinaires et une *racine médullaire* moins développée que les premières. (MM. les professeurs Clos et J. E. Planchon veulent bien constater ce fait.)

Observation VI. — Une autre bouture est placée dans les mêmes conditions que la précédente. Au mois de mai 1875, on la dégage du sol pour examiner la cicatrice : celle-ci est ferme, solide, traversée par plusieurs racines ordinaires et par une racine adventive médullaire.

Nous avons fait quelques boutures de *Mamillaria* et de *Melocactus*, mais elles ne nous ont pas donné de racines hétérotopiques. Néanmoins nous pensons que nous aurions fini par en obtenir si nous eussions pu multiplier nos expériences, car les plantes de ces deux genres se rapprochent tellement de l'*Echinopsis* par leur structure, que nous ne voyons pas de raison pour légitimer une différence si profonde. Quant à l'*Echinopsis multiplex*, c'est une plante qui donne des racines adventives médullaires en quelque sorte à volonté. Si la moelle de la bouture est volumineuse, il est rare qu'après un ressuyage convenable, et en attendant assez longtemps après la plantation, on n'observe pas une ou deux racines sur la cicatrice médullaire.

Les plantes à tige déprimée et cannelée nous ont encore offert des racines adventives sur l'extrémité des faisceaux fibro-vasculaires. Ces racines sortaient de la coupe du cercle fibro-vascu-

laire comme elles seraient sorties de la profondeur de la moelle.
Ce fait mérite d'être signalé, attendu que M. Trécul n'a vu que
les boutures d'une seule plante (*Maclura aurantiaca*) émettre
ainsi des racines adventives sur leur tranche.

3° Les plantes à rameaux fasciés et épineux sur les faces nous
ont aussi présenté, bien que plus rarement, des racines adventives hétérotopiques.

Observation VII. — Un entre-nœud d'*Opuntia inermis* est
coupé transversalement dans son tiers inférieur, et planté le
11 juillet 1874 après quelques jours de ressuyage. Le 25 mars
1875, on retire la bouture du sol. Les radicelles sont nombreuses.
Après un bon lavage, on constate qu'elles naissent : 1° de quatre
troncs volumineux détachés de l'une des faces de la bouture,
au niveau des faisceaux d'épines qui représentent les feuilles ;
2° d'autres troncs situés au pourtour de la plaie, qui est, du
reste, parfaitement cicatrisée ; 3° enfin, d'une racine qui part
de la coupe, en dedans de l'extrémité inférieure des faisceaux
fibro-vasculaires normaux.

C'est le seul cas où nous ayons observé une racine adventive
sur la partie de l'*Opuntia* qui représente la moelle des Cactées
à tige cannelée. Nous avons fait plusieurs boutures avec des
rameaux dont la partie inférieure était presque cylindrique,
néanmoins les racines adventives se sont présentées dans le
lieu ordinaire.

4° Les Cactées à rameaux fasciés, non épineux ou à peine
épineux sur leurs bords (*Epiphyllum*, *Phyllocactus*) ne nous
ont jamais présenté de racines hétérotopiques.

5° Les plantes du 5° type (*Rhipsalis*, *Peireskia*) ne nous en
ont pas présenté non plus. Peut-être que nos boutures de *Peireskia* étaient trop peu volumineuses. Les rameaux que nous
eûmes à notre disposition ne présentaient effectivement qu'une
fort petite moelle.

Somme toute, ce dernier paragraphe nous démontre que les
racines hétérotopiques se développent surtout chez les Cactées
à parenchyme abondant, et qu'elles apparaissent sur la moelle,
sur la face interne et la face externe de l'étui médullaire.

CHAPITRE III.

FORMATION ET DÉVELOPPEMENT DES RACINES ADVENTIVES.

Quand on divise l'extrémité d'une bouture de Cactée riche en parenchyme cortical et pourvue de racines adventives, on s'aperçoit que l'on coupe des radicelles intra-parenchymateuses sous des angles divers. En déchirant la médulle externe dans une direction convenable, on s'assure bien vite que les racines adventives ont pris naissance dans la couche profonde de l'enveloppe corticale et qu'elles ont marché de là vers l'épiderme.

Si l'on détruit par la macération tout le parenchyme cortical, on obtient, sur certaines boutures, un résultat analogue à celui qui est représenté sur la figure 4. On voit, sur ce dessin, une partie de la face externe de l'étui médullaire (M), la face supérieure de la cicatrice du parenchyme cortical depuis le bois jusqu'à l'épiderme (C), enfin une racine (R) qui se répand en ramifications secondaires.

Parmi ces ramifications, les unes rampent sur la face supérieure de la cicatrice qu'elles n'ont pu traverser, les autres s'élèvent plus ou moins obliquement dans l'épaisseur de la médulle externe, où elles atteignent 5, 6, 8 centimètres de longueur.

Nous fûmes vivement frappé la première fois que nous vîmes les racines se ramifier dans le parenchyme cortical, comme elles le feraient dans le sol. Il nous a paru qu'en se ramifiant ainsi, ces racines allaient à la recherche d'une issue.

Des coupes minces, faites dans le parenchyme au niveau d'une de ces racines ou de leurs ramifications, montrent, à un grossissement de 30 diamètres, que racines et radicelles sont entourées d'une double gaîne de cellules subéreuses. La gaîne interne appartient à la racine; l'externe, adossée à la précédente, isole le parenchyme de la racine qui le traverse (voy. s, s, fig. 5). Ces gaînes subéreuses sont plus ou moins épaisses, selon l'âge de la racine. Elles finissent par former, dans leur épaisseur, une ou plusieurs rangées de cellules à parois sclérosées (cellules péridermiques de H. Mohl). On constate alors que les cellules renfermées entre les rangées péridermiques, c'est-à-dire entre les deux gaînes, se flétrissent, meurent, et se remplissent de granulations brunâtres.

Peu à peu les racines croissent, arrivent sous l'épiderme ou sous la cicatrice, traversent ces membranes par un procédé que nous décrirons plus tard, et se montrent au dehors. Elles apparaissent d'abord sous la forme que présente le bourgeon à fruit. Courtes, conoïdes et renflées dans les grands *Cereus*, elles sont plus effilées dans les *Echinocactus*, les *Phyllocactus*, les *Opuntia*. Quelles que soient les conditions dans lesquelles elles se trouvent, elles s'allongent rarement sur les boutures en ressuyage des *Cereus*, des *Echinopsis* et des *Echinocactus*. C'est à peine si l'on voit partir de leur sommet une petite pousse blanchâtre qui ne tarde pas à se flétrir. Dans les *Opuntia*, au contraire, les racines s'allongent et deviennent grêles et pâles. Chez une bouture appartenant à ce genre, nous avons vu, sur la face par laquelle elle reposait sur une planche, se développer une racine qui prit ensuite 10 à 12 centimètres de longueur, et plusieurs ramifications secondaires. Nous avons redressé des boutures de *Cereus* afin de les mettre dans une position aussi favorable que celle de notre *Opuntia*; mais leurs racines adventives ont simplement fléchi sous le poids qu'elles supportaient et ne se sont pas plus allongées que si ces boutures étaient restées couchées horizontalement.

Tels sont, esquissés à grands traits, les phénomènes généraux qui accompagnent l'évolution des racines adventives des Cactées. Passons aux détails.

§ 1.

Naissance des racines.

A. *Racines adventives ordinaires.* — Les botanistes sont divisés sur deux points importants de la formation des racines adventives : leur origine réelle, et le mode selon lequel s'établissent leurs relations avec le système fibro-vasculaire de la tige.

1° Malpighi, qui écrivit le premier mémoire sur l'origine des racines, n'insiste pas sur le lieu où elles prennent naissance. A. P. de Candolle crut que le développement des racines était préparé à l'avance, et que les lenticelles étaient les bourgeons de ces organes adventifs. Hugo de Mohl réfuta cette opinion en démontrant que les lenticelles étaient purement et simplement de petits amas de cellules subéreuses. Dans la pensée du phytotomiste allemand, les endroits où se forment les racines adventives seraient déterminés par la structure du corps ligneux plutôt que par la disposition de l'écorce. Là où existeraient dans le corps ligneux une dépression, une lacune, comblées par du tissu celluleux, les racines adventives pourraient prendre naissance. D'après cette manière de voir, les extrémités des rayons médullaires seraient les points les plus favorables. M. Decaisne admet aussi que, généralement, les racines adventives apparaissent à l'extrémité d'un rayon médullaire (1).

Les observations faites par M. Trécul sur un grand nombre d'espèces l'ont conduit à reconnaître que s'il existe toujours normalement, *dans certaines plantes*, à des places déterminées, des racines rudimentaires latentes, ces places ne coïncident pas principalement avec le passage des rayons médullaires dans l'écorce. Elles peuvent se trouver, « soit à l'extrémité d'un seul ou de plusieurs faisceaux convergeant vers le même point, soit à la partie latérale d'un seul faisceau ou de deux faisceaux voisins, ou bien à la surface d'une couche ligneuse continue, sans rayons médullaires, ou encore vis-à-vis d'un ou de plusieurs de ces rayons quand il en existe. »

Que se passe-t-il dans les Cactées?

Il n'y a peut-être pas de familles qui offrent, sous ce rapport, autant de variétés. Il semble que ces plantes veuillent donner raison à toutes les opinions, celle de de Candolle exceptée. Ainsi, chez les *Opuntia*, c'est toujours dans les points où les faisceaux fibro-vasculaires longitudinaux s'écartent pour livrer passage aux vaisseaux qui gagnent les bouquets d'épines que se déve-

____

(1) *Recherches sur l'organisation anatomique de la Betterave à sucre*, 1839.

loppent les racines adventives, c'est-à-dire dans des dépressions du corps ligneux comblées par du tissu celluleux (H. de Mohl, Unger). Dans les *Cereus, Echinopsis, Echinocactus*, on ne s'aperçoit pas que ce soit plus particulièrement aux points nombreux où des faisceaux, partis de la face interne, traversent l'étui médullaire. Mais nous avons vu manifestement les racines ordinaires partir de la face externe d'un ou de plusieurs faisceaux de la couche ligneuse, vis-à-vis d'un ou de plusieurs rayons médullaires (Trécul), et quelquefois à l'extrémité d'un faisceau qui sort de la moelle et se plonge, à travers le bois, dans le parenchyme cortical (Trécul). Dans les longs rameaux des *Rhipsalis*, les racines adventives se développent sur plusieurs lignes parallèles qui répondent aux rayons médullaires (de Mohl, Unger, Decaisne, Trécul).

Nos études sur les Cactées confirment donc les conclusions de M. Trécul admises par M. Duchartre ; toutefois nous verrons bientôt qu'il y a probablement lieu d'exprimer les conclusions de ce savant en termes plus généraux.

2° Tous les observateurs, sauf les partisans de l'accroissement descendant, sont d'accord pour déclarer que la racine apparaît dans la couche profonde de l'écorce sous la forme d'un petit mamelon celluleux. Ils ne sont plus unanimes sur le mode selon lequel les relations vasculaires s'établissent entre la jeune racine et le bois.

De Mirbel, Hugo de Mohl, Unger, Decaisne, admettent une formation vasculaire centripète, c'est-à-dire que, dans leur opinion, les vaisseaux se formeraient dans la jeune racine et se mettraient plus tard en relation avec le bois. M. Trécul se déclare partisan d'une formation centrifuge ; autrement dit, les vaisseaux des racines adventives naîtraient, d'après M. Trécul, au contact du système fibro-vasculaire de la tige et s'introduiraient ensuite dans le rudiment radiculaire. M. Duchartre, dans ses *Éléments de botanique*, ne s'est pas prononcé entre ces deux opinions ; néanmoins il ressort assez visiblement de ses paroles qu'il penche vers l'idée d'un développement centrifuge.

Nous avons étudié, sur de nombreuses coupes microscopiques, les modifications anatomiques qui ont leur siége à l'origine réelle des racines adventives ordinaires ou à l'origine de leurs ramifications secondaires.

Si une coupe verticale comprend, ainsi qu'on le voit sur la figure 5, une partie du cercle fibro-vasculaire (F), la couche génératrice (G), l'origine d'une racine adventive (R), et le parenchyme cortical (P) traversé par cette dernière, et si la coupe passe à peu près dans l'axe de la racine, on constate ce qui suit : On voit la racine commencer par un renflement qui repose sur une légère dépression de la couche génératrice. Ce renflement est formé, à l'extérieur, de cellules arrondies ; au centre, de faisceaux fibro-vasculaires enveloppant un cylindre de cellules allongées ; enfin, il est presque complétement entouré d'une couche de cellules aplaties phellogènes (ph). A un millimètre ou un millimètre et demi de la zone génératrice, la *couche phellogène* se dédouble (o) et constitue deux lamelles qui protégent : l'une la racine, l'autre le tissu parenchymateux cortical, et donnent naissance à la double gaîne subéreuse dont nous avons parlé plus haut.

Si l'on examine la même coupe avec un plus fort grossissement (fig. 6), on voit encore mieux que la base de la racine est engagée dans la zone génératrice (G). Quant aux vaisseaux, on s'assure que les plus jeunes sont immédiatement au contact des faisceaux fibro-vasculaires du bois (F). Là, en effet, on aperçoit des cellules ($C'v$) irrégulières, plus ou moins allongées, spiralées, analogues à celles que M. Trécul a fait connaître dans son travail sur les formations secondaires des cellules des Cactées. A la partie profonde de la zone génératrice, au contact du bois, on observe des cellules vasculaires dans un état de développement beaucoup moins avancé ($C'v$), semblables à celles que l'on trouve dans la jeune racine à une très-petite distance du bois (V).

La coupe verticale peut passer par l'origine d'une très-jeune racine adventive. Dans ce cas, celle-ci apparaît sous la forme d'un cœur de carte à jouer, comprimé entre le bois et une couche de suber parenchymateux qui s'est déjà développée à sa surface. Elle est constituée par une masse de cellules plus petites et plus granuleuses près du sommet qu'à la base, au centre de laquelle on aperçoit, *immédiatement au contact du cercle fibro-vasculaire*, de jeunes cellules vasculaires spiralées.

Il est donc encore plus évident, sur des préparations de ce genre, que les jeunes vaisseaux se forment sur la partie latérale des vaisseaux voisins préexistants.

La jeune racine sortirait donc toute formée de la zone génératrice, et ses vaisseaux se développeraient dans une direction centrifuge.

Nous trouvons encore la démonstration de ce que nous venons d'avancer, dans les rapports de la racine avec le parenchyme cortical. Ces rapports s'établissent par l'intermédiaire d'une double enveloppe subéreuse. Or, connaissant le rôle que joue le tissu subéreux dans les végétaux, il est évident que la racine est un corps étranger pour la médulle externe et que son origine réelle est au contact du bois. En effet, si les faisceaux radiculaires appartenaient au système cortical de la tige, ils ne seraient pas entourés d'une couche de suber. On constate, sur l'*Echinopsis*, que les pousses latérales de cette plante sont rattachées à la tige mère par des faisceaux fibro-vasculaires qui leur forment comme une longue queue lorsqu'on les a arrachées à l'aide d'une légère traction. Or, malgré l'isolement apparent de ces faisceaux, ils ne sont jamais séparés du parenchyme cortical par la moindre production subéreuse. Rapprochées de celles que nous avons consignées dans le premier chapitre, ces observations démontrent, à notre avis, que le développement de la jeune racine adventive n'est pas centripète et que le parenchyme cortical de la bouture ne forme pas la couche celluleuse de cet organe, comme le disait de Candolle dans le travail déjà cité, et du même coup corroborent quelques-uns des faits signalés par M. Trécul.

L'organogénie des racines adventives est telle que nous venons de la décrire dans un grand nombre de cas, sur les *Cereus, Opuntia, Echinopsis*, etc. Parfois elle est un peu différente.

Par exemple, dans l'*Echinopsis multiplex*, nous avons rencontré des racines dont le point d'insertion répondait à un grand rayon médullaire. Sur des coupes horizontales faites au niveau de cette insertion, on voyait des cellules vasculaires sortir de la moelle, s'insinuer entre deux faisceaux fibro-vasculaires et constituer l'axe de la racine; on apercevait aussi d'autres cellules entourant les précédentes, dont le point de départ était situé sur la face latérale des faisceaux qui limitent le rayon médullaire; les cellules corticales de la racine dérivaient de la zone génératrice des deux faisceaux.

Règle générale, la racine adventive adhère à la face latérale des faisceaux de la tige par un épatement circulaire dans lequel les jeunes vaisseaux figurent un cône dont le sommet s'engage dans la racine. Sur les *Echinopsis*, les *Opuntia*, nous avons remarqué plusieurs fois que les vaisseaux formaient seulement la moitié ou le tiers d'un épatement conique. Nous sommes porté à croire que, dans ce cas, la racine a pris naissance à l'extrémité d'un faisceau fibro-vasculaire.

Nous avons vu précédemment que les *Rhipsalis* s'écartaient de la structure ordinaire des Cactées. Grâce à cette différence, on peut voir bien distinctement sur ces plantes la part qui revient parfois aux faisceaux médullaires et à la couche génératrice dans la formation des racines adventives. Ainsi, au milieu d'un rayon médullaire beaucoup plus large que les autres, s'engagent de jeunes cellules vasculaires qui semblent sortir de la face interne de l'étui médullaire (voy. fig. 9). Le cercle vasculaire de la jeune racine est complété par des éléments qui s'appuient, à droite et à gauche, sur les faisceaux qui bordent le rayon médullaire. Quant aux cellules centrales et corticales, elles dérivent manifestement de la couche génératrice des faisceaux qui ont fourni les vaisseaux spiralés.

En résumé, il nous paraît démontré que les *racines adventives ordinaires* peuvent naître dans tous les points indiqués par M. Trécul, et que les vaisseaux de ces organes se développent d'abord au contact des faisceaux fibro-vasculaires avec lesquels ils sont en rapport. Nous voyons la démonstration de ce dernier fait, non-seulement dans les préparations microsco-

piques que nous avons décrites, et dans la présence, autour de
la portion intra-parenchymateuse des racines, d'une enveloppe
subéreuse, mais encore dans le cas de développement de racines
adventives à la surface du bois, après la destruction presque
complète du parenchyme cortical.

B. *Racines adventives hétérotopiques.* — Les racines hétérotopiques se sont présentées sur la cicatrice de la moelle ou
sur la face interne, entre les faisceaux et à l'extrémité des faisceaux de l'étui médullaire.

1° Pour interpréter convenablement le développement des
racines médullaires que nous avons observées, il est bon d'entrer dans quelques détails préliminaires sur la structure de la
moelle des Cactées.

On sait que la moelle n'est pas toujours exclusivement composée de cellules. Souvent elle renferme des vaisseaux latici-
fères, et, dans un certain nombre de plantes, elle contient des
faisceaux vasculaires ou fibro-vasculaires. On connaît depuis
longtemps l'exemple offert par le Figuier. Jochmann, Reichert,
ont décrit les vaisseaux médullaires de quelques Ombellifères.
M. Trécul a décrit aussi ces faisceaux dans plusieurs plantes de
la même famille. M. Regnault, dans ses *Recherches sur l'anatomie de quelques tiges de Cyclospermées*, a montré que chez
les Crassulacées, les Ficoïdes, les Chénopodées, les Nyctaginées
et les Amarantacées, des faisceaux fibro-vasculaires s'enfoncent
plus ou moins profondément à l'intérieur de la moelle.

Les Cactées de nos quatre premiers groupes possèdent aussi
de nombreux faisceaux fibro-vasculaires épars dans les parenchymes. Schleiden a figuré et décrit la marche de ceux qui
partent de la face interne de l'étui médullaire pour se plonger
à des hauteurs différentes dans le parenchyme cortical, mais
il n'a pas insisté sur les faisceaux qui se ramifient dans la
moelle. Ces derniers s'aperçoivent nettement sur une coupe
transversale de la plante. Ils tranchent sur le parenchyme par
une teinte plus opaque. Après un léger ressuyage, ils se voient
encore mieux, parce qu'ils forment alors une saillie sur le fond
de la coupe. Sur une coupe longitudinale, on constate qu'ils

sillonnent la moelle dans tous les sens. Enfin, si l'on détruit les cellules parenchymateuses à l'aide d'une macération prolongée, ces faisceaux deviennent libres et l'on s'assure qu'ils constituent un véritable lacis rattaché fréquemment à la face interne de l'étui médullaire.

Les faisceaux de la moelle diffèrent de ceux de l'étui par l'absence des fibres ligneuses et par la rareté des gros vaisseaux spiralés, réticulés ou rayés. Les vaisseaux spiralés y prédominent; ils y sont constitués par de longues cellules à spirale simple ou bifurquée de $0^{mm},020$ de diamètre moyen. De semblables vaisseaux se rencontrent principalement au sommet ou à la face interne des faisceaux du bois; cependant on en trouve disséminés dans l'intérieur de ces faisceaux ou sur leurs faces latérales et leur base, au milieu d'une zone génératrice. Quelques vaisseaux rayés ou réticulés, d'un diamètre plus considérable $(0^{mm},035$ à $0^{mm},050)$, s'associent aux vaisseaux spiralés. Enfin, une couche plus ou moins épaisse d'éléments allongés, semblables à ceux de la zone génératrice, entoure le tout.

La cicatrice de la moelle de plusieurs Cactées renferme donc des faisceaux fibro-vasculaires munis d'une couche génératrice (fig. 1, *c, e*). Dès lors il n'y a rien d'étonnant qu'il se produise sur la face latérale de ces faisceaux des phénomènes identiques à ceux qui précèdent la formation des racines adventives ordinaires. D'ailleurs, nous avons trouvé un faisceau fibro-vasculaire à la base des racines médullaires, sur des coupes microscopiques faites dans la cicatrice, à travers l'origine de ces racines. Nous avons représenté l'une de ces coupes figure 7; elle provient de l'*Echinopsis multiplex*.

Ce n'est pas seulement sur la partie latérale d'un faisceau *préexistant* que naissent les racines adventives médullaires. La couche profonde de la cicatrice est encore le siége d'une formation vasculaire très-active. De la face interne de l'étui médullaire (fig. 1, *v*) et du pourtour des faisceaux qui s'enfoncent dans la cicatrice, on voit partir de jeunes cellules réticulées destinées à se transformer plus tard en véritables vaisseaux. Chacun des centres de formation (*v, v', v''*, fig. 1) rayonne l'un vers l'autre, et au bout d'un certain temps la face interne de la cicatrice est garnie d'un lacis horizontal de vaisseaux. Une fois formés, ces jeunes vaisseaux sont capables de fournir des racines adventives comme les faisceaux vasculaires préexistants. Nous avons rencontré des coupes qui nous ont offert ce mode de développement. Au surplus, on devait le pressentir, car on remarque, le plus souvent, que les *racines médullaires hétérotopiques* se montrent longtemps après les racines ordinaires. Le temps qui s'écoule entre l'apparition de ces deux sortes de racines correspond sans doute à la vascularisation de la face interne de la cicatrice médullaire.

2° La face interne de l'étui médullaire est tapissée par une couche réticulée de faisceaux semblables à ceux qui s'engagent à l'intérieur de la moelle. Par conséquent, il ne faut pas être surpris si ces faisceaux donnent naissance à de jeunes racines dont la pointe se dirigera en bas et vers l'axe de la bouture.

3° Sur certaines boutures on aperçoit aussi de jeunes racines dont la base est située entre les faisceaux de l'étui médullaire. Dans un exemple cité au chapitre Ier, ces racines s'étaient fait jour sur la partie du bois mise à nu par la destruction du parenchyme cortical.

Ces racines hétérotopiques se sont formées dans les mêmes conditions que les précédentes. En effet, les faisceaux fibrovasculaires sont pénétrés de tissu générateur et de vaisseaux spiralés. C'est au niveau de ce tissu qu'elles se sont développées, et elles ont opéré leur éruption en écartant les faisceaux du bois.

4° Quant aux racines qui paraissent sortir de l'extrémité du cercle fibro-vasculaire, nous devons dire que nous ne les avons jamais vues prendre naissance au point où l'on serait tenté de les rattacher. M. Trécul a cité une seule espèce (*Maclura aurantiaca*), dont les racines, plantées sous forme de boutures, aient fourni des racines adventives sur la coupe. Ce savant botaniste a publié un dessin (*Ann. des sc. nat.*, 1847, pl. 15), sur lequel on voit la couche génératrice de la bouture se prolonger au dehors sous l'aspect d'un mamelon cellulo-vasculaire. **Nous** n'avons jamais observé cette disposition sur les Cactées. L'extrémité inférieure des faisceaux est enfermée dans une cicatrice protégée par des cellules subéreuses. Jamais nous n'avons vu le tissu générateur faire hernie à travers cette cicatrice. Les racines prenaient toujours naissance sur la face externe ou sur les faces latérales des faisceaux et se dirigeaient immédiatement en bas, de manière à faire éruption dans la région du cercle fibro-vasculaire.

En résumé, l'origine et la formation des *racines adventives hétérotopiques* ne diffèrent pas de l'origine et de la formation des *racines adventives ordinaires*. Quel que soit le lieu où elles apparaissent, les phénomènes qui précèdent la formation des racines sont toujours les mêmes. La présence du tissu générateur est l'unique condition essentielle à leur développement. Aussi croyons-nous devoir généraliser les conclusions du travail de M. Trécul sur l'origine des racines adventives, et dire que les racines adventives peuvent se développer au contact des faisceaux fibro-vasculaires partout où ceux-ci présentent une couche de tissu générateur.

§ 2.

Développement des racines adventives.

A. *Accroissement.* — Lorsque les racines ont pris naissance dans la couche génératrice, elles s'accroissent et s'avancent peu à peu vers l'épiderme ou vers la cicatrice.

Si l'on examine la base et le sommet de ces jeunes organes, on constate qu'en ces deux points existent les éléments vasculaires les plus jeunes, tandis que, dans les points intermédiaires, la couche vasculaire paraît formée d'éléments qui ont acquis tout le développement dont ils sont susceptibles. D'où nous concluons que les jeunes racines adventives possèdent d'abord deux centres végétatifs, l'un à leur base, l'autre près de leur sommet. Pendant cette première période, les tractions exercées sur les racines les brisent entre le renflement qu'elles offrent à leur base et le faisceau fibro-vasculaire sur lequel elles ont

pris naissance. Plus tard, les mêmes tractions deviennent insuf-
fisantes pour déterminer une séparation ; il faut alors tirer plus
fortement, et de bas en haut, pour arracher les racines, et
encore entraînera-t-on avec elles la couche la plus extérieure
de l'axe ligneux. Ce fait démontre que, par les progrès de la
végétation, les nouvelles formations fibreuses de la tige se confondent avec celles des racines adventives. Dès ce moment,
celles-ci ont perdu le point végétatif de la base.

B. *Éruption.* — Les racines adventives ordinaires se font
jour, tantôt par un point de la surface naturelle de la bouture,
tantôt par la cicatrice du parenchyme cortical. Examinons le
mécanisme de l'éruption dans les deux cas.

1° Quand la racine est jeune, elle présente les différentes
parties que M. Van Tieghem a fait connaître dans son *Mémoire
sur la symétrie de structure des plantes,* c'est-à-dire : *a.* un
parenchyme cortical limité en dehors par l'épiderme, en
dedans par une couche de *cellules dites rhizoyènes; b.* un
cylindre central formé de faisceaux vasculaires, alternes avec
des faisceaux fibreux, plongés les uns et les autres dans un tissu
de cellules. Au sommet de la racine on ne trouve plus ni vaisseau ni fibre. Cette partie est entièrement composée de cellules
à protoplasma granuleux disposées en couches régulières. Les
séries les plus superficielles, caractérisées par une transpa-
rence plus marquée, constituent la *pilorrhize.*

Lorsque la racine grandit, la membrane rhizogène fournit,
par sa face externe, une écorce secondaire et, par sa face interne,
une couche génératrice qui se confond avec les faisceaux fibreux
de la racine primaire. Sur la plupart des Cactées nous n'avons
pas rencontré de fibres libériennes en dehors de cette couche
génératrice. Aussi, sous ce rapport, nos observations ne s'ac-
cordent plus avec les descriptions et les figures de M. Van
Tieghem (voy. *Ann. des sc. nat.,* 1871, pl. 8, fig. 62). Mais ce
qui importe surtout à notre sujet, c'est que l'écorce secondaire
s'entoure d'une couche de cellules subéreuses (fig. 8, *Sr*) qui
refoule autour d'elle l'écorce primaire, et dans laquelle apparaît
souvent une assise au moins de cellules péridermiques. Quant

aux éléments de l'écorce primaire, ils s'accumulent entre la couche subéreuse de la racine et la couche subéreuse qui protége le parenchyme cortical (fig. 8, *D, D*). L'exfoliation qui se produit à la surface de la racine se produit également à sa pointe, de sorte que la pilorrhize s'épaissit de plus en plus (fig. 8, *P*), et finit par former une armature conique, compacte et dure dans laquelle on distingue à peine les utricules constituantes.

La racine adventive ordinaire s'avance donc graduellement vers l'extérieur, glissant en quelque sorte à travers le parenchyme cortical dans une gaîne subéreuse dont elle est séparée par les débris plus ou moins granuleux et brunâtres de son écorce primaire.

Dès que le sommet de la racine arrive au contact de la face interne de l'épiderme, sa présence se traduit extérieurement par des caractères faciles à saisir. On aperçoit d'abord un point blanchâtre légèrement soulevé au-dessus de la cuticule. Ce point grandit peu à peu, proportionnellement au volume de la racine sous-jacente, et bientôt il se convertit en une plaque circulaire dont le centre est occupé par une tache brune, au niveau de laquelle l'épiderme semble desséché. Enfin, la tache brune centrale finit un jour par s'entr'ouvrir, et la racine se montre au dehors, entourée d'une auréole d'épiderme mortifié.

Étudions au microscope les détails de ces phénomènes.

Si l'on fait une coupe mince dans l'axe d'une jeune racine (fig. 8, *R*) sur le point d'apparaître au dehors, on voit, à l'aide d'un faible grossissement, que le sommet de la racine vient presser sur la face interne de l'épiderme. Le plus souvent ce jeune organe est incapable de surmonter d'emblée l'obstacle qui s'oppose à sa marche ; alors il change de direction et glisse en quelque sorte sur la face profonde de l'hypoderme ; mais la pression que la racine a exercée sur le tégument par l'intermédiaire de sa pilorrhize (*P*) en a détaché un fragment plus ou moins circulaire (*F*). Séparé des parties vivantes, ce fragment prend une couleur brune et s'infiltre de bulles d'air. Pendant qu'il se détache, le pourtour de la plaie devient le siége d'une abondante production subéreuse. L'épiderme proprement dit (*E*) est écarté de l'hypoderme (*H*) par des cellules de suber (*Se*) qui s'insinuent entre ces deux couches, à une distance d'autant plus grande que la racine est plus grosse et que l'éruption a commencé depuis plus longtemps. Les cellules mêmes de l'hypoderme prolifèrent autour de la plaie, et donnent naissance à des utricules subéreuses qui se confondent, en dehors, avec le suber épidermique (*Se*), en dedans, avec la gaîne subéreuse de la racine (*Sr*), accolée elle-même au suber qui isole le parenchyme cortical (*Sp*).

Grâce à ce travail préparatoire, le tissu parenchymateux (*C*) est complétement et constamment mis à l'abri des agents extérieurs, et la racine est, pour ainsi dire, conduite au dehors comme le serait un corps étranger introduit dans l'écorce. Ce travail permet encore de comparer une racine en voie d'éruption à un corps térébrant dont le trajet se cicatriserait au fur et à mesure qu'il s'ouvrirait. En comparant ces faits à ceux qui sont représentés sur les figures 2 et 3, on s'assure que la cicatrisation du parenchyme et de l'épiderme offre toujours les mêmes caractères, qu'elle se fasse à ciel ouvert ou à l'intérieur du tissu cellulaire, autour d'une racine adventive.

Les phénomènes que nous venons de décrire méritaient d'être étudiés à nouveau, car ils sont loin d'être aussi simples qu'on les croyait. Ainsi, Hugo de Mohl écrivait les lignes suivantes en 1832 : « Lorsque ce bouton (le *bourgeon* de la racine) s'allonge en racine, il presse le tissu cellulaire devant lui, et soulève l'écorce en un petit mamelon qui se déchire enfin au sommet et laisse passer la petite racine autour de laquelle les couches corticales traversées forment une sorte de coléorrhize. » Cette courte description ne laisse certainement pas soupçonner la production subéreuse dont le parenchyme cortical est le siége, ni le rôle important de ce nouveau tissu. Quelle que soit l'épaisseur du parenchyme cortical, l'éruption des racines adventives ordinaires des Dicotylédones s'opère toujours de la même manière ; aussi les phénomènes que nous avons fait connaître prennent-ils un intérêt plus considérable que s'ils appartenaient seulement aux Cactées à parenchyme très-abondant.

2° Lorsque les *racines adventives ordinaires* opèrent leur sortie entre le cercle fibro-vasculaire et la surface naturelle de la bouture, elles s'avancent, toujours entourées de leur double gaîne subéreuse, jusqu'au contact de la cicatrice qu'elles poussent devant elles. La pression qu'elles exercent sur cette dernière détermine l'éraillement de ses couches les plus superficielles. La couche profonde de la cicatrice, encore en voie de formation, se prête à l'élongation de la racine et finit par lui constituer un véritable étui conique subéreux. La racine reste longtemps dans cet état; mais si le ressuyage se prolonge beaucoup, ou si l'on plante la bouture, l'étui subéreux ne tarde pas à se rompre au sommet sous l'influence de l'accroissement de la racine et à former coléorrhize. La jeune racine s'allonge en avant de cette collerette sous l'aspect d'une petite masse conoïde, étranglée à sa base. Le microscope y découvre les éléments qui constituent l'extrémité des jeunes organes de ce genre, c'est-à-dire : *a.* une écorce primaire dont les cellules sous-épidermiques renferment de la chlorophylle; *b.* un cylindre de jeunes vaisseaux qui se perd avant d'atteindre le sommet; *c.* un cylindre central dont les cellules sont dépourvues de granules colorés; *d.* enfin, une pilorrhize constituée par des cellules aplaties, jaunâtres, courtes ou allongées, selon qu'elles sont profondes ou superficielles, analogues à celles que MM. Garreau et Brauwers ont décrites.

3° S'il s'agit de *racines adventives hétérotopiques*, elles se feront jour habituellement par la cicatrice de la moelle, quelquefois aussi par la surface naturelle de la bouture ou par la cicatrice du parenchyme cortical.

Si elles sortent par la moelle, leur éruption sera semblable à celle des racines ordinaires qui traversent la cicatrice du parenchyme cortical. La couche profonde de la cicatrice accompagnera la racine et lui fournira une gaîne complète pendant un certain temps. Si ces racines sortent par la surface naturelle de la bouture ou par la cicatrice du parenchyme cortical, leur

éruption se fera de la même manière que pour les racines ordinaires qui apparaissent dans les mêmes points.

Nous avons suivi les racines adventives pendant leur formation et pendant leur éruption. Dès que celle-ci est accom-
plie, la bouture est devenue un individu nouveau, vivant
de la même vie que le sujet qui l'avait fournie. Cette éruption
établit donc les limites de la tâche que nous nous étions
imposée.

Nous nous arrêterons là, laissant de côté plusieurs détails
d'organisation des racines, détails privés d'originalité qui
auraient grossi notre travail sans en augmenter l'intérêt.

CONCLUSIONS GÉNÉRALES.

1° Le ressuyage n'est pas absolument nécessaire pour les
Cactées dont les sucs sont aqueux.

2° Une bouture vivra d'autant plus longtemps en ressuyage
qu'elle sera plus intacte et plus volumineuse.

3° Un ressuyage prolongé enlève aux boutures non-seulement leur eau, mais encore une partie des éléments organiques
contenus dans les cellules parenchymateuses.

4° Un mince fragment de Cactée peut conserver assez de
vitalité pour reprendre.

5° Pendant le ressuyage le parenchyme cortical et médullaire se dessèche à la surface de la coupe, mais au-dessous de
la couche desséchée il se transforme en tissu phellogène et
celui-ci fournit des zones alternatives de suber et de périderme.

6° Le tégument se cicatrise à son tour par la transformation
subéreuse des cellules de l'hypoderme, au contact des parties
vivantes et des parties mortifiées, de sorte que tous les tissus
celluleux de l'extrémité de la bouture sont recouverts d'une
cupule subéreuse.

7° Les faisceaux fibro-vasculaires se rétractent beaucoup
moins que le parenchyme; ils se modifient au-dessous de la
cicatrice et au-dessus de celle-ci, dans le parenchyme, à une
profondeur plus ou moins grande.

8° Quand le ressuyage est très-prolongé et qu'il se fait à la lumière, on voit apparaître de la chlorophylle dans la couche de cellules comprise entre la membrane subéreuse et les vaisseaux sous-cicatriciels de nouvelle formation.

9° Lorsque la bouture est plantée, l'extrémité des faisceaux fibro-vasculaires se détruit, et la partie saine de ceux-ci se recouvre à son tour d'une cicatrice semblable à celle qui recouvre les parenchymes et le tégument.

10° La cicatrisation de l'étui médullaire dans les Cactées est due à la présence du tissu cellulaire au milieu des fibres et des vaisseaux de cet étui.

11° L'étude de la cicatrisation de la bouture démontre que les tissus vivants, pourvus de cellules, se préservent du contact des corps étrangers extérieurs et intérieurs par la formation de tissu subéreux, et que ce dernier ne peut dériver que d'éléments cellulaires pourvus encore de protoplasma.

12° Dans les Cactées, il n'y a pas de bourrelet proprement dit. On observe quelquefois un gonflement de la cicatrice qui, d'ailleurs, ne paraît pas exercer une influence sérieuse sur la reprise de la bouture.

13° Le travail de l'enracinement commence dès que la bouture se cicatrise; il s'opère dans l'air, la terre et l'eau.

14° La formation de racines semble être provoquée par toutes les causes de surexcitation des tissus; mais, comme elle se montre dans des points où la surexcitation mécanique ou physique fait défaut, force est d'admettre qu'il existe dans les Cactées des points où les racines adventives sont à l'état latent.

15° Les racines adventives des Cactées sont ordinaires ou hétérotopiques. Par les points où apparaissent les racines ordinaires, ces plantes peuvent se diviser en groupes qui répondent assez bien à ceux que l'on pourrait établir d'après la forme de la tige. Cette étude démontre que les *Epiphyllum* et les Phyllo-cactées ont plus d'affinité avec les *Cereus* qu'avec les *Opuntia*. Les racines hétérotopiques s'observent sur la moelle, à l'extrémité des faisceaux fibro-vasculaires ou à la face interne de l'étui médullaire.

16° Les racines adventives des Cactées se ramifient dans le parenchyme, comme elles le feraient dans le sol, entourées d'une gaîne subéreuse qui prouve que ces racines jouent le rôle de corps étrangers à l'égard du parenchyme.

17° Les racines adventives se développent toujours au contact de faisceaux fibro-vasculaires préexistants, qu'ils soient de formation ancienne ou nouvelle. Le parenchyme de la bouture n'entre pas dans leur constitution.

18° Ces racines peuvent se former dans tous les points où existent des faisceaux fibro-vasculaires accompagnés d'une couche génératrice. Si ces conditions se présentent dans des régions où elles ne se rencontrent pas habituellement, on observera des racines hétérotopiques.

19° Les racines adventives peuvent sortir par tous les points de la surface naturelle ou accidentelle de la bouture. Partout on voit se produire un travail préparatoire qui consiste en une formation de tissu subéreux, dont le but est de protéger les parties profondes et vivantes des boutures.

20° Une fois au dehors, les racines restent courtes et conoïdes dans les *Cereus*; elles s'allongent dans les *Opuntia*, *Epiphyllum*, etc.

EXPLICATION DES PLANCHES.

PLANCHE 1.

Fig. 1. ***Echinopsis multiplex***. — Coupe verticale à travers la cicatrice du cercle fibro-vasculaire et du parenchyme médullaire.

    a, couche de cellules desséchées et désagrégées de la surface de la plaie.

    b, couche de cellules phellogènes et subéreuses.

    c, e, faisceaux fibro-vasculaires de l'étui médullaire et du parenchyme dans l'épaisseur de la cicatrice et au dehors de la cicatrice.

    v, cellules vasculaires de nouvelle formation au contact de l'étui médullaire.

    v', cellules vasculaires de nouvelle formation au contact d'un faisceau parenchymateux.

    v'', cellules vasculaires de nouvelle formation dans une autre partie de la face supérieure de la cicatrice.

Fig. 2. ***Cereus peruvianus***. — Coupe intéressant la cicatrice du tégument et du parenchyme cortical.

a, coupe de la cicatrice du parenchyme cortical comprenant : s, des couches
de cellules subéreuses mélangées d'assises de cellules péridermiques ;
r et b, plusieurs assises de cellules desséchées et désagrégées.

c, épiderme proprement dit.

d, hypoderme.

c', épiderme dans la partie desséchée du tégument.

d', hypoderme.

f, suber sous-épidermique confondu au bord de la plaie avec la couche
subéreuse qui protége le parenchyme cortical.

Fig. 3. *Cereus monstrosus.* — Coupe à travers une cicatrice assez ancienne
du parenchyme médullaire.

a, couche de cellules parenchymateuses desséchées au contact de l'air.

b, couche de cellules subéreuses.

c, assise de cellules à parois épaisses, ponctuées (cellules péridermiques).

d, couche de cellules phellogènes passant insensiblement aux cellules médullaires.

Fig. 4. *Cereus peruvianus.* — Une partie de l'extrémité inférieure d'une bouture coupée depuis longtemps, après la destruction du parenchyme cortical
par la macération.

C, face supérieure de la cicatrice du parenchyme cortical.

M, faisceaux du cercle fibro-vasculaire.

R, racines adventives ramifiées dans l'épaisseur du parenchyme cortical.

Fig. 5. *Echinopsis multiplex.* — Coupe longitudinale passant par l'origine
d'une racine adventive ordinaire (grossissement faible).

F, faisceaux du cercle fibro-vasculaire.

G, couche génératrice.

P, parenchyme cortical.

R, origine d'une racine adventive ordinaire.

Ph, couche de cellules phellogènes entourant l'origine de la racine.

O, point où la couche de cellules phellogènes se dédouble en deux lames
qui fournissent deux couches superposées de suber (s, s) autour de la
racine.

Fig. 6. *Echinopsis multiplex.* — Une portion de la couche précédente vue à un
plus fort grossissement.

F, G, Ph, même signification que dans la figure précédente.

Cv, cellules vasculaires de la couche externe de l'étui médullaire.

Cv', cellules vasculaires de nouvelle formation.

V, vaisseaux de la jeune racine.

Fig. 7. *Echinopsis multiplex.* — Origine d'une racine adventive hétérotopique
médullaire.

a, b, c, d, les différentes couches de la cicatrice du parenchyme médullaire.

f, faisceau fibro-vasculaire médullaire cheminant à peu près horizontalement au-dessus de la cicatrice.

v, jeunes cellules vasculaires développées au voisinage du faisceau fibro-
vasculaire f.

r, jeune racine adventive hétérotopique née sur la partie latérale du faisceau *f*.

Fig. 8. *Cereus monstrosus.* — Coupe montrant l'éruption d'une racine adventive ordinaire dans un point de la surface naturelle de la plante

C, C, parenchyme cortical.

R, jeune racine adventive.

Sr, Sr, suber ou écorce secondaire de cette racine.

D, D, débris de l'écorce primaire de la racine.

P, pilorrhize.

E, E, épiderme proprement dit.

H, H, hypoderme.

F, fragment du tégument complet soulevé par la pression du sommet de la racine.

Sp, suber du parenchyme confondu en dehors avec le suber sous-épidermique *Se*.

Fig. 9. *Rhipsalis crispata.* — Coupe horizontale d'un rameau montrant l'origine d'une racine adventive sur la face interne de deux faisceaux fibro-vasculaires.

P, parenchyme cortical.

F, faisceau du cercle fibro-vasculaire.

L, faisceau libérien.

R, racine adventive dont les cellules vasculaires centrales procèdent de l'intérieur de la moelle.

D, débris de l'écorce primaire de la racine.

S, suber qui isole cette racine du parenchyme cortical.

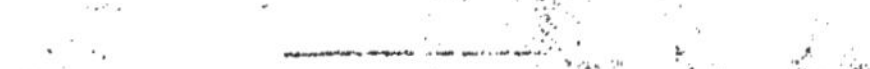

PROPOSITION DONNÉE PAR LA FACULTÉ :

Comparaison anatomique des membres dans les animaux vertébrés récents et fossiles.

Vu et approuvé, le 28 février 1877.

Le Doyen de la Faculté des sciences,

MILNE EDWARDS.

Permis d'imprimer, le 28 février 1877.

Le Vice-recteur de l'Académie de Paris,

A. MOURIER.

PARIS. — IMPRIMERIE DE E. MARTINET, RUE MIGNON, 2.

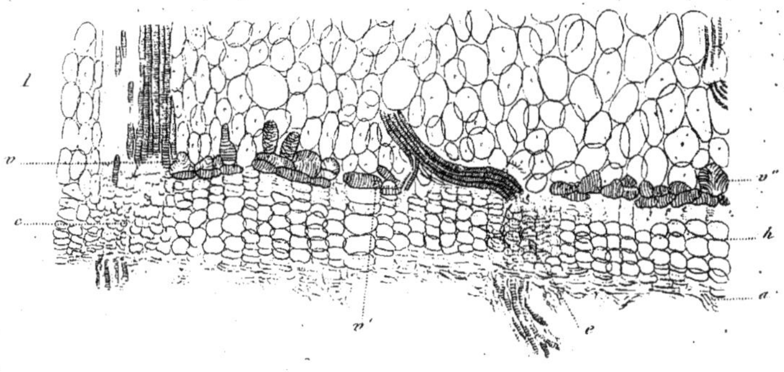

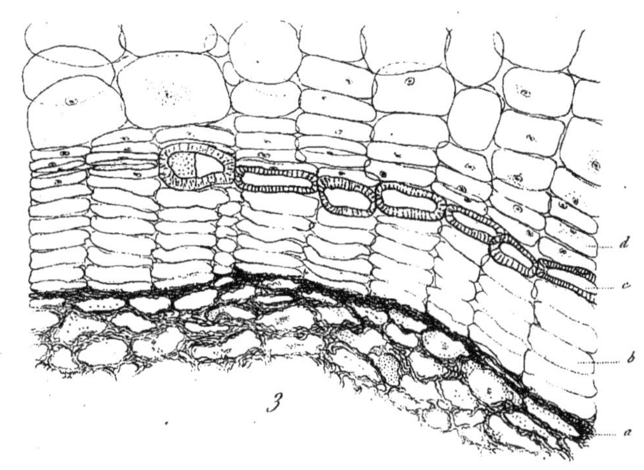

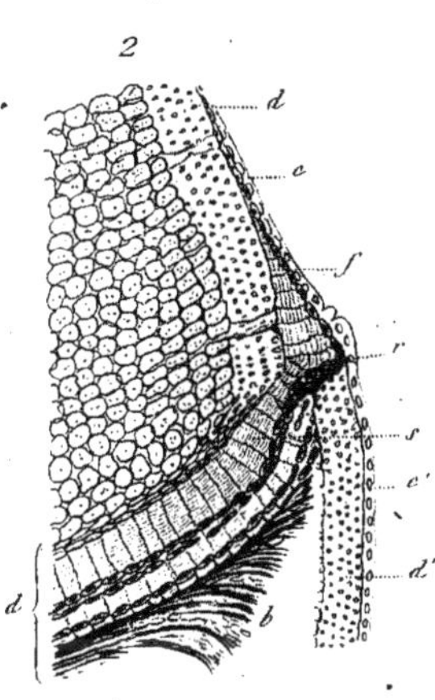

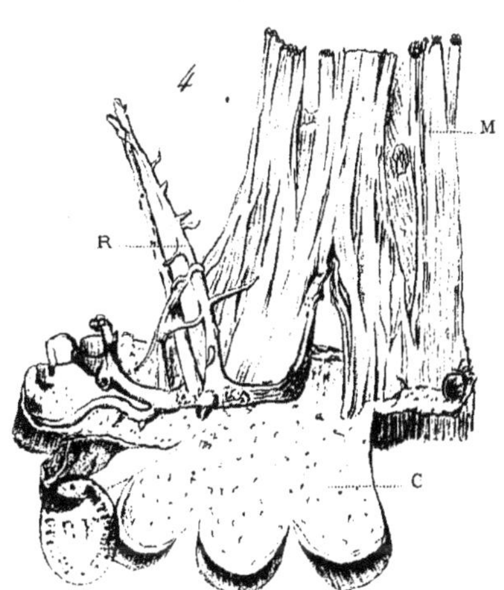

Arloing del.   Pierre sc.

Boutures de Cactées.

Imp. A. Salmon, r. Vieille Estrapade, 15, Paris.

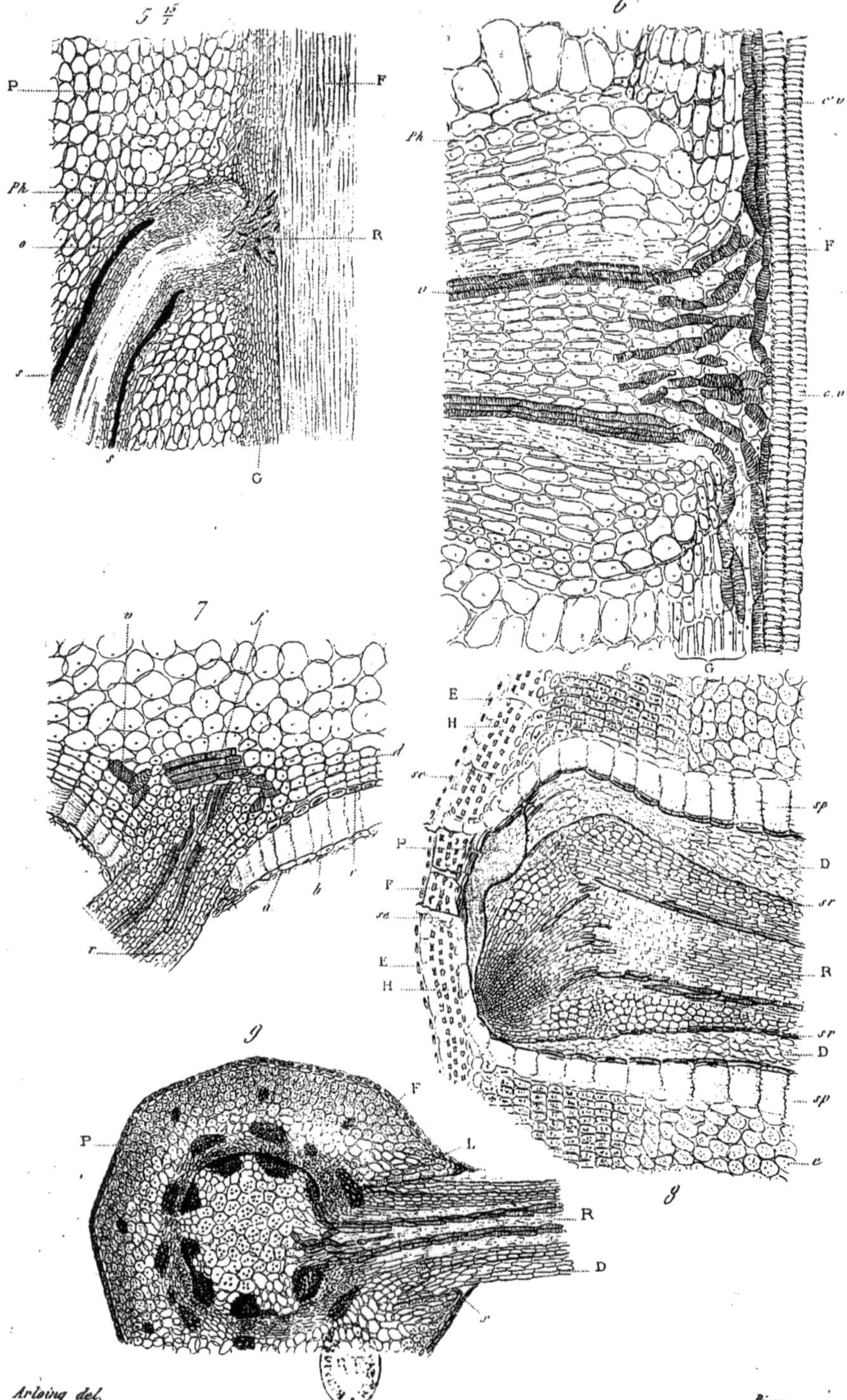

Arloing del.   Pierre sc.

Boutures de Cactées.

Imp. A. Salmon. r. Vieille Estrapade. 15. Paris.

PARIS. — IMPRIMERIE DE E. MARTINET, RUE MIGNON, 2